中学校社会科

授業を変える

課題提示と発問の工夫45

Aoyagi　Shinichi
青柳慎一 著

JN176123

明治図書

はじめに

授業設計に際し，私が一番に悩むことは「課題の設定」です。学習目標の達成に結び付く内容で，生徒が追究できる，しかも追究したくなる課題の設定に日々苦労しています。

実際の授業を展開するうえで悩むことは「発問」です。教師は，発問や指示，説明を投げかけて授業を展開させていきます。したがって，発問や指示，説明の良し悪しが授業を左右することになります。

私は以前に，板書の工夫に焦点を当てつつ，その背景にある授業展開や指導法など授業の工夫改善について考え，実践事例をまとめてみました（拙著『中学校社会科　授業を変える板書の工夫45』（明治図書））。今回は，上述の課題意識を踏まえ，課題提示と発問の工夫に焦点を当てて，授業の工夫改善について検討できればと考えたものです。

学習課題は，授業の展開を貫き支える柱であり，学習課題の設定が授業設計の要となります。課題提示の工夫は，生徒の学習意欲を引き出し授業に引き込むための教師のしかけと言えます。

発問は，授業を展開する舵であり，生徒の思考を揺さぶったり，焦点化したりしながら生徒の思考を練り上げ理解へと導くための教師の働きかけと言えます。

ここで，課題提示や発問の工夫を一連の学習指導の流れの中で考えるならば，単に課題提示の仕方や発問の表現の仕方にとどまらず，授業そのものの工夫改善につながるものととらえることができます。本書では，課題提示や発問の工夫に焦点を当てつつも，それにつながる教材開発，授業展開，学習指導法の工夫やアイデアについても提案できればと考えました。

第１章では，課題提示のポイントや学習指導と発問についての考えを述べています。第２章では，実践事例として，地理的分野16，歴史的分野17，公民的分野12，の計45本を掲載しています。実践をまとめるに当たり，なるべく学習指導要領の位置付けや学習のねらい，授業展開における教師の発問と生徒の応答を示すよう心がけました。これは，授業が教師の発問や指示，説明によって展開しており，課題提示や発問の意図や授業展開のイメージを具体的に再現できればと考えたからです。また，評価方法の工夫について，いくつかの事例をコラムとして述べることとしました。これは，学習指導を考えるうえで，課題設定から評価までを一体的に考えることが大切だと考えたからです。

いずれの実践事例も，どのように授業を展開すればよいのか試行錯誤する中でまとめたものであり，まだまだ改善すべき点が多いと思います。にもかかわらず，ここに提案させていただくことにしたのは，互いの実践の成果と課題について情報を発信し，多くの先生方と共有することが，授業改善の方策を考えるうえで意味があると考えたからです。この点で，本書が少しでもお役に立つことができれば幸いです。

本書の出版に当たりましては，明治図書出版の矢口郁雄氏に大変お世話になりました。ここに厚く御礼申し上げます。

2015年1月

青柳　慎一

Contents

はじめに

1 毎日の社会科授業の 課題提示と発問を考える

1　社会科授業と「課題提示」「発問」……10

2　課題提示のポイント……11

3　学習指導と発問……15

4　学習指導と評価……20

2 授業を変える 課題提示と発問の工夫45

地理的分野

地理儀と地図を比較させながら世界の地域構成をとらえさせる……24
（世界の様々な地域　世界の地域構成）課題
評価の工夫❶　パフォーマンステストを取り入れる

国旗を手がかりに世界の国々をとらえさせる……28
（世界の様々な地域　世界の地域構成）発問

単元を貫く課題を設けて世界各地の人々の
生活と環境の多様性をとらえさせる……30
（世界の様々な地域　世界各地の人々の生活と環境）単元

統計資料を読み取らせてアジア州の地域的特色に着目させる……34
（世界の様々な地域　世界の諸地域）発問

主題を設定してヨーロッパ州の地域的特色を追究させる……36
（世界の様々な地域　世界の諸地域）単元

多面的・多角的にアマゾンの開発と熱帯林の保全についてとらえさせる……40
（世界の様々な地域　世界の諸地域）発問

地図で位置を示しながら追究したことを発表させる……42
（世界の様々な地域　世界の様々な地域の調査）発問

クイズ形式の導入から課題を提示して生徒の興味・関心を高める……44
（日本の様々な地域　日本の地域構成）課題

風景とグラフを結び付けて世界の大まかな気候の特色をとらえさせる……46
（日本の様々な地域　世界と比べた日本の地域的特色）発問

新聞の見出しを提示して実際に起きている自然災害に着目させる……48
（日本の様々な地域　世界と比べた日本の地域的特色）課題

日本各地の地域的特色と地域間の結び付きを大まかにとらえさせる……50
（日本の様々な地域　世界と比べた日本の地域的特色）課題

地図や空中写真を活用して地理的事象をとらえさせる……52
（日本の様々な地域　日本の諸地域）発問
評価の工夫❷　評価の重点化を図る

地域を細分して中部地方の地域的特色をとらえさせる……56
（日本の様々な地域　日本の諸地域）発問

国際化，情報化といった社会の動きと関連付けて
地域的特色をとらえさせる……58
（日本の様々な地域　日本の諸地域）発問

動態地誌的な学習展開を工夫して地域的特色を追究させる……60
（日本の様々な地域　日本の諸地域）単元
評価の工夫❸　生徒の思考を可視化する工夫

野外観察で身近な地域の地理的事象をとらえさせる……64
（日本の様々な地域　身近な地域の調査）発問

歴史的分野

作業的な学習を通して年代の表し方や時代区分についてとらえさせる……68
（歴史のとらえ方）発問

中世と近世を比較してそれぞれの時代の特色をとらえさせる……70
（歴史のとらえ方）課題

様々な資料を関連付けて
古代国家が形成されていったことをとらえさせる……72
（古代までの日本）課題

古墳時代の遺物模型を利用して当時の人々の様子をとらえさせる……74
（古代までの日本）発問
評価の工夫❹　ショー・アンド・テル（show and tell）

貴族の食事を手がかりにして
租調庸のしくみと農民のくらしをとらえさせる……76
（古代までの日本）課題

系図から読み取ったことを基に
藤原氏が権力を握った理由をとらえさせる……78
（古代までの日本）発問

御家人の立場に立って時代の変化に対する
武士たちの動きをとらえさせる……80
（中世の日本）発問

身近な地域の歴史を調べる活動を単元に組み込み，
下剋上の広がりをとらえさせる……82
（中世の日本（歴史のとらえ方））発問

博物館のwebページを利用して絵画資料を読み取らせる……84
（近世の日本）発問

ヨーロッパ人の来航と関連付けて信長・秀吉の統一事業をまとめさせる……86
（近世の日本）発問
評価の工夫❺ ポスターなどの表現に対する評価

大名，農民，貿易とキリスト教の統制に着目して
江戸幕府の政治の特色を理解させる……90
（近世の日本）単元

幕府の財政難に対する徳川吉宗の改革を予想させる……94
（近世の日本）発問

新政府に不満をもつ人々の立場に立って
自由民権運動の動きをとらえさせる……96
（近代の日本と世界）課題
評価の工夫❻ 思考をとらえるワークシートの工夫

オーストラリアと比較して第一次世界大戦に
対する日本の動きに関心をもたせる……100
（近代の日本と世界）課題

世界恐慌に対する欧米諸国の動きを調べ
それを基に日本の動きを推測させる……102
（近代の日本と世界）単元

統計グラフを読み取らせて
戦後の民主改革による社会の変化をとらえさせる……106
（現代の日本と世界）発問

冷戦を踏まえて日本の独立回復と国際社会への復帰をとらえさせる……108
（現代の日本と世界）発問

公民的分野

聞き取り調査を通して社会生活の変化に着目させ
現代社会の特色をとらえさせる……110
（私たちと現代社会　私たちが生きる現代社会と文化）課題
評価の工夫❼　ペーパーテストで学習活動を再現する

対立と合意，効率と公正について考える場面設定を工夫する……114
（私たちと現代社会　現代社会をとらえる見方や考え方）課題

合意を目指す鍵となる意見に着目させ，
対立と合意，効率と公正について考えさせる……116
（私たちと現代社会　現代社会をとらえる見方や考え方）発問

生徒の常識を揺さぶる教材を工夫し，興味・関心を高める……118
（私たちと経済　市場の働きと経済）発問

身の回りの具体例と結び付けて
生徒の興味・関心を引き出し，とらえさせる……120
（私たちと経済　市場の働きと経済）発問

折り込み広告を比較して，消費者の権利や保護について考えさせる……122
（私たちと経済　国民の生活と政府の役割）課題
評価の工夫❽　考察したことを文章記述で表現させる

統計資料から読み取ったことを関連付けて
少子高齢化が財政に与える影響を考えさせる……126
（私たちと経済　国民の生活と政府の役割）発問

社会の変化に着目させ本時の学習課題をとらえさせる……128
（私たちと政治　人間の尊重と日本国憲法の基本的原則）課題

４つのモデルの比較を通して議会制民主主義について考えさせる……130
（私たちと政治　民主政治と政治参加）発問

模擬裁判を通して，裁判と人権の保障についてとらえさせる……132
（私たちと政治　民主政治と政治参加）課題

身近な地域に着目して地方自治の学習の単元構成を工夫する……134
（私たちと政治　民主政治と政治参加）単元
評価の工夫❾ 評価規準から具体的な生徒の姿を設定し，評価に活用する

２つの中項目を関連付けて国際社会の諸課題を探究させる……138
（私たちと国際社会の諸課題　世界平和と人類の福祉の増大）単元

参考文献

1 毎日の社会科授業の課題提示と発問を考える

1 社会科授業と「課題提示」「発問」

知識基盤社会化やグローバル化が進む現在，社会科授業においても基礎的・基本的な知識，概念や技能の習得に努めるとともに，思考力，判断力，表現力等をはぐくむための言語活動の充実や社会参画に関する学習の重視が求められています。社会科は，よく「内容教科」「理解教科」と言われますが，単純に用語やその意味を覚えさせることに終始したのでは，社会科の目標を達成したとは言えません。教師は，生徒の社会に対する関心を高めることや，資料活用の技能，思考力などの育成を図ることなどを意識して，日々の授業を工夫改善していく必要があるのです。そして，そのような学習の過程を経て，生徒たちの社会認識を深めていくことが大切なのです。

この点を受けて，社会科授業においても，問題解決的な学習や課題追究的な学習，作業的・体験的な学習の取組が一層求められています。そして，このような授業を設計するうえで要となるのが「学習課題の設定」です。授業設計では，まず，取り上げる内容や身に付けさせたい能力，生徒の実態等を踏まえ学習目標を設定します。これを学習者に対して問いや指示の形で示したものが「学習課題」です。次に，学習目標に迫るための指導過程を設定し，学習内容の配列，学習形態や学習活動，時間配分などを勘案し授業展開を組み立てていきます。その際，生徒の主体的な学習への取組を促すために，生徒の学習に対する関心や追究する意欲を高めたり，学習の意義をとらえさせたりするための「課題提示の工夫」がポイントとなります。

実際に授業を展開するうえで重要なのが「発問」です。教師は，発問や説明，指示，助言などを生徒へ投げかけ，授業を展開していきます。先に述べた課題提示の際にも，発問を投げかけ生徒の反応を踏まえながら課題を示すことと思います。学習指導の中で，知識や概念を身に付けさせるために事象について説明することは必要です。しかし，何でも教師が説明してしまったのでは，生徒は受身になってしまいます。発問をして生徒に考えさせたり，疑問を引き出して調べさせたりすることが必要です。また，社会科は様々な資料を使います。資料を読み取る際に，何に注目すればよいのか，読み取ったことをどのように解釈すればよいのか，生徒に発問を投げかけ受け答えしていく中で，その見方や考え方を示していくこともできると思います。つまり，知識，概念や技能を習得させたり，思考力をはぐくんだりするうえで，発問を工夫することがポイントになると思われます。

問題解決的な学習を工夫する

作業的な学習を工夫する

2 課題提示のポイント

課題提示は，概ね授業の冒頭，あるいは導入の後に位置付けます。生徒に学習の内容や活動，つまり「この授業で何を学ぶのか」を示すことで学習への動機付けを図るとともに，学習のゴールを示すことで見通しをもたせる働きがあります。本書では課題提示の工夫について，課題の設定を含めて考えることとし，その工夫のポイントとして次の３点に着目しました。

- ●生徒の学習意欲を引き出す「学習課題の設定」
- ●生徒の問いを踏まえ，学習への関心を高める「課題提示の工夫」
- ●追究の過程を重視した単元構成と「単元を貫く課題の設定」

学習課題の設定

学習課題をどのように設定するか，いつも悩むところです。私は，課題設定に際し，次の点に留意しています。

○授業のねらい（学習目標）と整合しているか。この課題に取り組むことで，授業のねらいが達成できる内容になっているか。
○生徒にとって取り組める（解決できる）内容となっているか。
○生徒にとって課題の難易度は適切か。
○課題の表現（用語や言い回しなど）は，生徒に分かりやすいか。
○生徒にとって，学習のゴールをイメージして学習に取り組むことができ，学習成果を自己評価できる課題となっているか。

そのうえで，生徒の学習意欲を引き出す「課題」の設定に試行錯誤しています。そのポイントを次のように整理してみました。

○生徒の既得知識を揺さぶり知的好奇心を触発する見方や考え方を基に学習問題を設定する。
○生徒の疑問（問い），問題意識を生かした学習問題を設定する。
○場面設定を生かし，臨場感をもたせる学習課題（問題）を設定する。
○実際の社会との結び付きを意識させ，有用感のある学習課題（問題）を設定する。

ここで，学習のねらいに迫るために本時で取り組む内容や活動を示したものを広く「学習課題」と表現しています。その中で，本時の学習で追究することを問いの形で示したものを「学習問題」として整理しています。問題解決的な学習，課題追究的な学習を展開する場合，「なぜ」「どのように」といった問い（学習問題）の設定がポイントとなります。作業的な学習では，「地図にまとめよう」といった作業内容を課題として示すことが考えられます。

課題提示の工夫

授業の導入を工夫し，生徒の学習に対する関心を高めることが大切です。そして，導入と結び付けて課題提示を工夫し，生徒の学習意欲を引き出します。例えば次の手順が考えられます。

①導入を工夫し，生徒の関心を高めたり疑問を生み出させたりする。

例えば，写真，絵，映像など視覚に訴える資料を提示し，それらを読み取らせる活動を通して，本時の学習課題と結び付けていきます。

②導入の発問（初発の発問）を投げかけ，生徒の課題意識を引き出す。

導入の発問では，生徒の既得知識では解決できない問いを練ることが肝要です。この場面では正答を求めず，追究すべきことを生徒に意識づけることをねらいます。

③生徒の問い（疑問）や予想を生かして課題を提示する。

導入の発問に対する生徒の反応をとらえ，生徒が予想したことや疑問に思ったことなどと結び付けて課題を提示します。学習課題（問題）を生徒の言葉を利用して表現することも考えられます。

④学習課題（問題）を板書または掲示する。

学習課題を板書することで，この授業のゴールを生徒に常に意識させます。

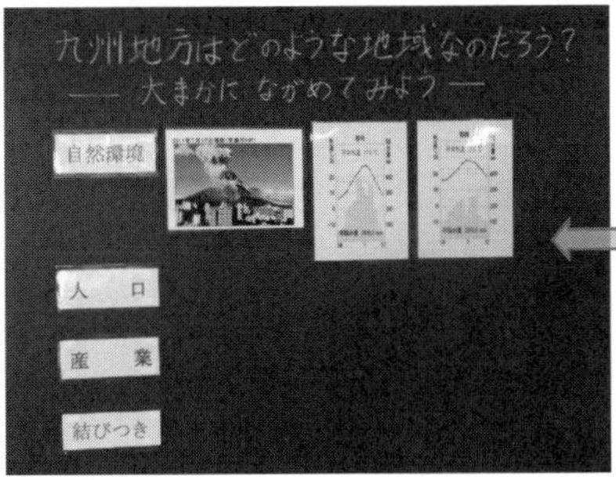

①「火山の写真」「雨温図」を提示

②導入の発問「自然環境から見ると九州地方は，どのような特色があるのだろう？」

③「他の見方で見ると，どんな特色があるのだろう？」という問い（疑問）

④本時の課題を設定し板書

日本の諸地域「九州地方」第１時の課題提示の場面

単元を貫く課題の設定

生徒自らが，学ぶ意欲や課題を見いだし追究する能力や態度を身に付けさせたり，課題解決のために必要な思考力や判断力・表現力の育成を図ったりするうえで，課題（問題）解決的な学習を工夫することが必要です。また，作業的・体験的な学習を通して，理解を深めさせたり，技能を定着させたりすることができます。課題（問題）解決的な学習や作業的・体験的な学習は，1時間の中で工夫することもありますが，単元の指導計画に着目して，一連の追究の過程を押さえた単元構成を工夫することも考えられます。単元の指導計画を見て，各時間の学習内容や学習活動が並列的な構成になっていたものを「適切な課題を設けて行う学習」として再構成することも考えられます。その際，単元を通して追究する課題を「単元を貫く課題」として設定することで，生徒に単元を通した学習の見通しをもたせることができます。

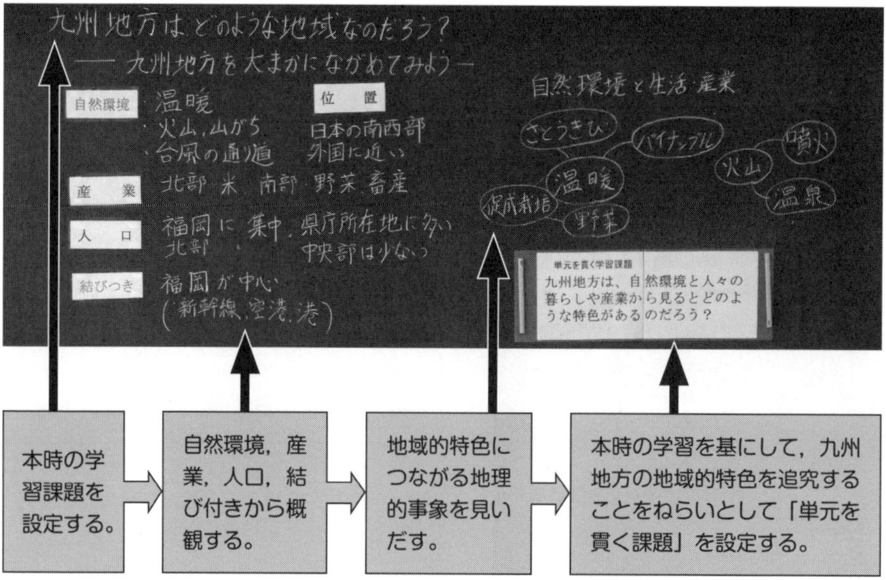

日本の諸地域「九州地方」の第1時の学習展開と単元を貫く課題の設定

3 学習指導と発問

発問は，教師にとって学習指導を為すうえで重要な技術です。有田和正氏は「教師の教育活動の中核をなす重要な技術」で「子どもと教材を出会わせる接点」であると指摘しています（有田和正『有田和正の授業力アップ入門―授業がうまくなる十二章』（明治図書））。

ここからは，学習指導と発問について，いくつかのことを確認していきます。

授業展開と発問

授業は，概ね「導入」→「課題提示」→「展開（追究）」→「まとめ」といった学習過程を踏まえた構成をとることが多いと思います。

そこで，授業展開を踏まえた発問の構成を大まかに次のように整理してみました。

学習過程	発問の位置付け	発問の働き（意図）
導入	○初発の発問	●学習の動機付けを図る。
課題提示	○中心発問	●本時の学習課題（問題）を問いかける。
展開（追究）	○主発問 ○補助発問	●課題解決（追究）に向け，生徒の思考を引き出したり揺さぶったりする。 ・考察すべきことを焦点化し，事象をとらえさせる発問 ・価値判断や意志決定を促す発問 ●主発問を考えさせるための前提をつくったり，主発問を補ったりする。
まとめ	○まとめの発問	●展開（追究）で考察したことを練り上げ課題（問題）解決を図る。

授業で発している主な発問を取り上げ，それらを問いかける内容から分類して，大まかに次のように整理してみました。

発問例	問いかける内容	発問の型
「なぜ…」 「どうして…」	・事象についての原因や理由，意味を問いかける。	WHY 型
「どのように…」 「どんな…」	・事象について現状や実態，内容を問いかける。 ・方法や過程を問いかける。	WHAT 型 HOW 型
「どちらが…」 「どれを…」	・意志決定や価値判断などの選択を問いかける。	WHICH 型
「どこに…」 「どこへ…」	・位置や場所，分布や結び付きの状態や傾向などを問いかける。	WHERE 型
「いつ…」	・時代や年代，時期やその傾向などを問いかける。	WHEN 型
「だれが…」	・人物，立場やその傾向などを問いかける。	WHO 型
「どれくらい…」	・数量や期間，範囲などを問いかける。	HOW（　）型

なお，「どこに」「いつ」「だれが」といった問いは，個別具体的な反応を引き出すのに適しており，傾向性を生徒から引き出すためには「どのような場所で」などと発問した方が反応がよいように感じています。

私は，発問をする際，次の点に留意しています。

○発問の表現や内容について
・問いたいことを明確にする。
・簡潔に，生徒にとってわかりやすい言葉で表現する。
・生徒が解答できる問いにする。
・生徒から出てきた言葉を取り上げ，それに応じて表現を変える。
○発問の言い方について
・抑揚や声の大きさ，速さを変えて，ポイントを押さえる。
・生徒の反応を見ながら発問する。必要に応じてすぐに発問せずに間を開ける。
○発問に対する生徒の反応の受け止め方について
・必要に応じて言い換えや語彙を補う応答をする。
・必要に応じて生徒の知的好奇心を揺さぶったり，思考を深めたりするための応答を考えておく。
・解答できない場合を想定し，補助発問を考えておく。

発問と指示，説明

教師は，発問と指示，説明をしながら授業を展開していきます。これらは，個別なものというより，組み合わせて生徒に働きかけていくものととらえられます。例えば，「どのようにして企業は利益を上げているのか，資料から調べよう」という教師の発言は，「どのようにして企業は利益を上げているのか」という発問と「資料から調べよう」という指示を組み合わせています。事象について説明する際にも，発問を織り交ぜ生徒の反応を引き出しながら説明することで，生徒の関心を高めたり理解を深めたりしています。また，説明する際，資料を見ながら聞くよう指示することもよくあります。

構造的な発問

主発問と補助発問をつなぎ合わせ，構造的な発問を組むことは，生徒の思考の筋道を示しながら概念の理解をうながすことにつながります。

例えば，日本の製鉄所の立地をとらえさせる学習場面を取り上げてみましょう。この場面を教師が説明する場合，以下のような説明が考えられます。この説明の下線部に着目して発問を考え，教師の発問を基に生徒が思考する展開になるような構成を考えました。

- 日本は製鉄に必要な石炭や鉄鉱石を輸入に頼っています。　→発問③
- また，原料や製品は重量があり，輸送が大変です。
- そのため，製鉄所は沿岸部の工業地帯にあります。　→発問②
- 製鉄業が盛んな都市は室蘭，川崎，鹿島，名古屋，和歌山などです。　→発問①

T　製鉄業が盛んな都市はどこですか？【発問①】
S　室蘭，川崎，鹿島，名古屋，和歌山などです。（反応①）
T　これらの都市はどのような場所に位置していますか？【発問②】
S　海沿いにあります。（反応②）
T　なぜ，製鉄所は海沿いにあるのでしょうか？【発問③】
S　原料である石炭や鉄鉱石を海外から輸入しているから。
原料や製品は重いので，運ぶのが大変だから。
製品を輸出するのに海沿いの方が便利だから。（反応③）

発問①は「どこに」という具体的な位置を押さえさせる発問で，発問②は，その位置的特色をとらえさせる（説明させる）ための発問です。これらは発問③を考えるための前提となります。発問③がこの学習場面での主発問となり，製鉄業が沿岸部に立地する理由を生徒に考えさせます。

板書と発問

発問に対する生徒の反応（発言）を，記録し可視化する手段が板書です。板書を構造的にすることで，生徒の思考を助けることができます。発問と板書を一体的にとらえて授業を展開させていくことが，生徒の課題追究を支える有効な手立てになると考えられます。ここでは，先に述べた製鉄所の立地の板書構成について例示します。

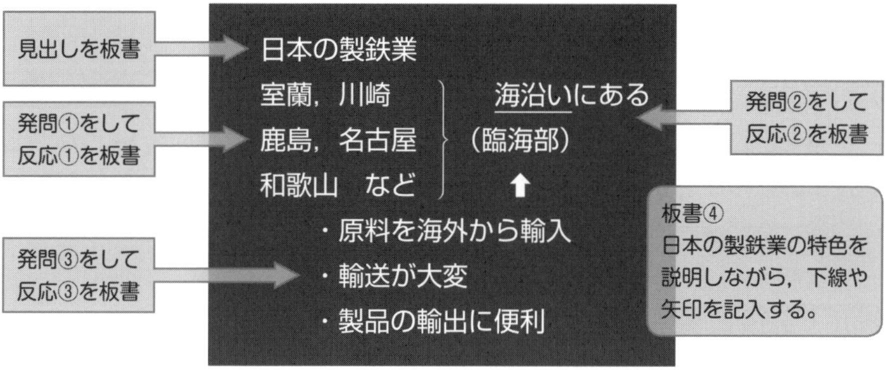

資料提示と発問

資料を提示して読み取らせる際に「資料を見て，どのようなことに気付きましたか？」と発問することがあります。しかし，この発問は生徒にとって何を読み取ればよいのかはっきりしませんし，読み取ったことが教師の意図と合わないこともありえます。そこで，必要に応じて資料を読み取る視点を具体的に指示し，焦点を絞るとよいと思います。

次ページの写真は，オセアニア州の学習で，オーストラリアの移民の出身国の割合の特色を資料から読み取った後で，ニュージーランドについて提示した場面です。ここで「どのようなことに気付きましたか？」と発問すると，ニュージーランドの特色を答える生徒と，オーストラリアとの比較を述べる生徒の２つの反応が予想されます。そこで「オーストラリアと比べて，どのようなことが共通していますか？」と発問し，読み取る視点を絞りました。

ニュージーランドの移民出身国（2001年）

イギリス・アイルランド	32.2%
その他のヨーロッパ諸国	8.5%
アジアの国々	23.7%
南太平洋の国々	16.9%
オーストラリア	8.1%
その他	10.5%

ニュージーランド国勢調査データ（2001年）による

オーストラリアとの比較を発問で促す

4 学習指導と評価

学習指導の過程や結果において，学習目標に対して生徒がどのような学習状況にあるのかを評価して指導に生かすことが大切です。ここでは，評価とのかかわりで若干述べておきます。

評価規準の活用

評価規準の設定と，指導と評価の一体化を図るための「評価規準の活用」について，概略を次の図に示します。

学習目標の設定 → 課題の設定 → 学習活動の設定

↓

評価規準の設定 → 評価場面と評価方法を設定し，学習状況を判断するための具体の生徒の姿を設定する

↓

評価規準に即した姿を「概ね満足できる状況（B）」とし，「十分満足できる状況（A）」と「努力を要する状況（C）」を設定する

学習状況を評価する → 学習状況を判断し必要に応じ指導する

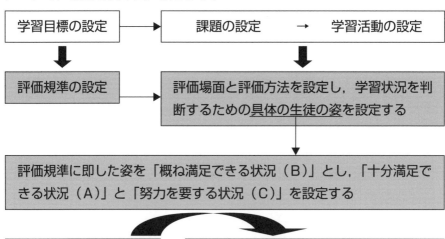

評価規準は，学習目標を概ね達成している生徒の学習状況を想定し，その姿を表現します。実際の授業は学習課題を設定し，それを踏まえて展開していきますので，評価規準についても学習活動に即した生徒の姿を具体的に想定しておき，これを物差しにして生徒の達成状況を評価していきます（形成的評価）。さらに，事前に努力を要する状況にあると判定した生徒への手立てや，概ね満足できる状況にある生徒をさらに伸ばす手立てを考えておきます。そして，評価場面において生徒の学習状況を判断し，必要に応じて指導します。これが指導と評価の一体化です。

個への支援

生徒の学習状況につまずきが見られる場合，教師は助言して学習を支援することがあります。この場合の発問や指示は，具体的に，かつ細分して生徒に投げかけるのがよいでしょう。

右の写真は，地図を読み取り，北海道の都市の特色を読み取る学習場面です。何に着目すればよいのかわからずにいる生徒に対して，まず「道路に注目して，２枚の地図を見比べてみよう」と指示しました。そして「道路に注目すると，どんな共通点があるのでしょう？」と発問しました。さらに「気付いたことが，他の地図にも当てはまるか見てみよう」と指示しました。

生徒の思考を可視化する

問題解決的，課題追究的な学習課題を設定して，生徒に思考させる学習活動を位置付けることがよくあります。生徒の思考の状態をとらえるには，思考の過程や結果を何らかの形で表出させる工夫が必要です。思考したことを文章記述や図などで示させる学習活動は，生徒の思考を可視化する工夫となります。また，考察を通して適切に理解しているかを，発問に対する応答から判定することも考えられます。

※付記

本書では，「課題提示」と「発問」の２つを柱にして，授業展開や学習活動などの工夫について述べています。課題設定については，１時間の授業毎に考える場合もありますが，単元を通して「単元を貫く課題」を設定し単元構成を工夫することも考えられます。そこで，第２章の実践事例は「課題提示の工夫」「キーとなる発問」「単元を貫く課題」のいずれかに視点を当てて述べることとしました。第２章の実践事例を分野ごとに整理したために，結果として３つの視点が混在した構成になっています。

授業展開として，教師の発問と生徒の反応を示しました。ここで，**T**は教師，**S**は生徒の発言を示しています。いくつかの事例で，発言に下線を付している場合があります。これは，本文中の説明と関係する部分を示したり，授業展開のポイントとなる部分や指導上留意すべき部分について示したりしています。また，キーとなる発問など，重要な発問を太字で示しています。

学習課題と学習問題について，本書では，学習のねらいに迫るために本時で取り組む内容や活動を示したものを広く「学習課題」と表現しています。その中で，本時の学習で追究することを問いの形で示したものを「学習問題」として整理しています。また，発問について，本書では，教師が教育的意図をもって生徒の思考を促したり理解させたりするために発する，生徒に働きかける問いかけを広く「発問」としてとらえています。

また，第２章では，評価方法の工夫について，いくつかの事例をコラムとして記述しています。これは，授業設計を考える際に，課題設定から評価までを一体的に考えていくことが大切だと思ったからです。

以上の点を踏まえて，第２章をお読みいただければ幸いです。

2 授業を変える 課題提示と発問の工夫45

1

地理的分野 | 世界の様々な地域 | 世界の地域構成

地球儀と地図を比較させながら世界の地域構成をとらえさせる

課題 発問 単元

1 地球儀と地図

この授業では，地球儀と地図を比較させながら，大陸の大きさや位置関係などをとらえさせていきます。地球表面を大観させるうえで，地球儀や地図の活用は欠かせません。その際，地球儀と地図の長所と短所を理解し，目的に応じて使い分けていくことが必要となります。この授業では，地球儀と地図，異なる図法の地図を比較させながら，これらの点を理解させようと考えました。また，図法の違いにより大陸の形や大きさが変わることに着目すると，「本当はどうなのか調べてみよう」と学習活動を設定することができます。そこで，地球儀や地図を見比べて大陸の形や大きさを比較したり，地球儀を使って距離や方位を調べたりする学習活動を位置付けました。

2 課題提示の工夫

地球儀と地図を見比べて，陸地の大きさや位置関係をとらえよう。

課題提示の意図

本時の導入として，メルカトル図法の掛け地図を見せ，気付いたことを発表させました。生徒の中には，ロシアやカナダ，グリーンランドが引き伸ばされていて面積が大きくなっていることに気付く者がいました。これを受けて「実際にどうなっているのか，地球儀と地図を見比べて，陸地の大きさや位置関係をとらえよう」と，課題意識を揺さぶる問いかけをして本時の学習課題を提示しました。

3 授業展開

オーストラリア大陸とグリーンランド島の大きさを比べる

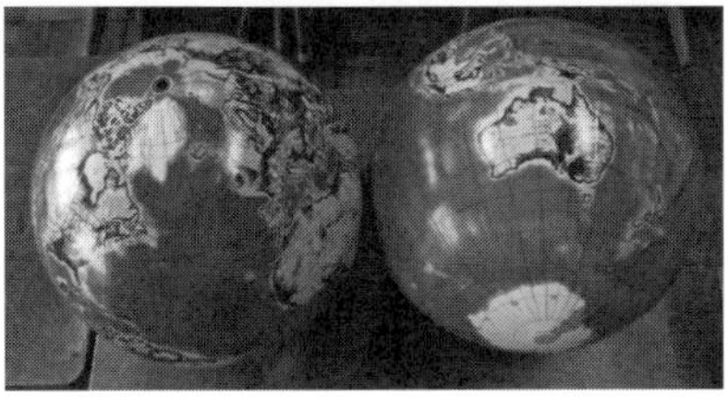

地球儀を２つ並べて比較させる

T メルカトル図法の地図で見ると，オーストラリア大陸よりグリーンランド島の方が大きく見えます。
本当はどうなのでしょう？　地球儀で調べてみましょう。

S （地球儀を見て）オーストラリア大陸の方が大きい。

T どうして，この地図はグリーンランドが大きく描かれているのでしょう。経線のかき方を地球儀と比べて，その理由を考えましょう。

> **着目すべき点を指示して地球儀と地図を比較させ，メルカトル図法の特色を考察させる。**

S 地球儀では経線は北極点に集まっているけど，この地図は，経線が平行に引かれています。その分，経線の間が引き伸ばされているのだと思います。

T この地図の特色に気が付きましたね。ところで，別の地図を見てみましょう。これは面積を正しく表した地図です。

> **他の図法の地図と比較させ，図法により形や面積などが異なって描かれることを理解させる。**

S オーストラリア大陸の方が大きくなっています。

S 大陸や島の形が違っています。

T 地図には，目的に応じて様々なかき方があります。その特色を理解して使い分けることが大切です。この地図では面積を正しく表現していますが形は正しくありません。地球儀と比べてみましょう。

二点間の最短距離のルートを調べる

地球儀とひもで最短コースを調べる

T **東京とイギリスのロンドンの最短距離のルートは，どこを通るのでしょうか？　地球儀で調べてみましょう。**
東京とロンドンを，ひもをピンと張って結んでみましょう。

S ロシアの北極海沿岸やスカンジナビア半島を通っています。

T このコースを，メルカトル図法の地図にかくと，どんな線で表されるのでしょうか？

S 直線ではなく，曲線になります。

T 別の地図で見てみましょう。この地図は中心からの距離と方位が正しくかかれた地図です。
（以下省略）

> 東京を中心にかいた正距方位図で，東京とロンドンを線で結ばせて，地球儀での作業結果と比べさせる。

評価の工夫❶ パフォーマンステストを取り入れる

工夫のポイント

　二地点間の最短距離を，地球儀を活用して調べる技能などについて，実際に授業で行ったことが身に付いているのかをペーパーテストで評価することは難しいものです。そこで，実際に実技を行い，その様子を観察して評価するパフォーマンステストを考えました。

　パフォーマンステストは，地球儀の活用の他に，発表学習で適切に地図で位置や範囲などを指し示すことができるか，観察して評価する方法として設定できます。

具体例

●地球儀を活用して調べる技能の評価

課題

東京とロンドンをひもで結び，最短距離のコースを示しなさい。

評価規準

二地点間を適切にひもで結び，最短距離のコースを示すことができる。

実技の様子を観察して評価する

●地図で位置や範囲などを示しながら発表する技能の評価

課題

発表の際，位置や範囲などを地図で示しなさい。

評価規準

調べた国や地域の位置を適切に地図で指し示すことができる。（Bと評価）

⬇

発表の様子を観察して評価する

十分満足できる学習状況の生徒

・適切に位置や範囲，結び付きなどを指し示しながら発表している。（Aと評価）

努力を要する学習状況の生徒

・調べた国や地域の位置を，適切に地図で指し示すことができない。（Cと評価）

2

地理的分野　世界の様々な地域　世界の地域構成

国旗を手がかりに世界の国々をとらえさせる

課題　発問　単元

1 国旗を手がかりにする

この授業では，国旗を手がかりにして，世界の国々をとらえさせ，その位置と名称を身に付けさせることをねらいとします。国旗の中には，その国の歴史的，地理的な特色を反映したデザインが見られます。この点に着目して，クイズ形式の学習活動を展開する中で，本時のねらいを達成させようと考えました。

2 キーとなる発問

これらの国旗には，どんな共通点がありますか？

発問の意図

国旗のデザインに着目させて，これを手がかりにそれらの国々の地域的特色をとらえさせることを意図しました。授業展開として，まず，国旗を示してキーとなる発問をして，デザインの特色を意識させてから国名を問うパターンと，最初に一対一対応的に国旗を示して国名を問い，その後でキーとなる発問をするパターンを考えました。

3 授業展開

T　この国旗は，どの国のものですか？　**S**　オーストラリアです。

T　この国旗は？　**S**　ニュージーランドです。

T　**これらの国旗には，どんな共通点がありますか？**

S　イギリスの国旗が描かれています。

S　星座があります。

T　これらの国々は，どこにありますか？

> 国の位置を地図帳で確認させる。

S　オセアニア州です。イギリスはヨーロッパ州です。

T　（掛け地図で位置を示しながら）なぜ，これらの国々は，離れた位置にあるのに，イギリスの国旗を描いているのでしょう？（以下省略）

> 地域的特色に着目させる。

本時の板書

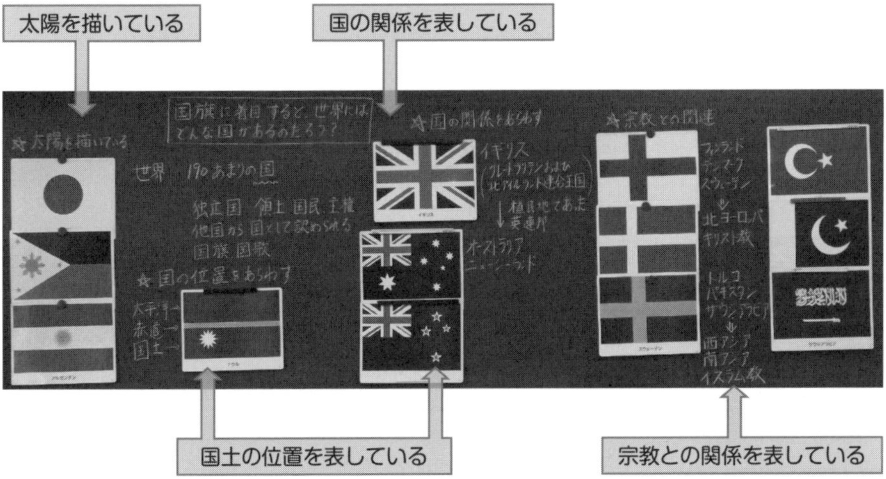

✕ この場面で避けたい発問の仕方

「この国旗はどこの国でしょう？」と発問するだけで終わってしまうと，単なる国旗当てクイズのままになってしまいます。例えば，「これらの国々は，どの地域にありますか？」と発問すると，地図を使って位置を確認させることができます。学習展開を考えて意図的，計画的に発問できるようにしておく必要があります。

3

地理的分野　世界の様々な地域　世界各地の人々の生活と環境

単元を貫く課題を設けて世界各地の人々の生活と環境の多様性をとらえさせる

課題　発問　単元

1　適切な課題を設けて行う学習の工夫

学習指導要領では，「第３　指導計画の作成と内容の取扱い」の指導計画の作成上の配慮事項の(3)で，適切な課題を設けて行う学習の充実を図ることが示されています。その意図として，生徒自らが学ぶ意欲や課題を見いだし追究する能力，態度の育成を図ることがあります。本実践では，中項目「世界各地の人々の生活と環境」において単元を貫く課題を設け，世界各地の人々の生活や環境の多様性についてとらえさせる単元構成を工夫しました。

2　単元を貫く課題

世界各地で，人々の生活と環境の様子には，どのような違いが見られるのだろう。

課題設定の工夫

第１時を単元全体の導入と位置付けました。本時の学習問題は「世界各地で，どのような生活の様子が見られるのだろう？」とし，ゲーム的な学習活動を設定しました。はじめに「スケッチゲーム」と題し教師の説明を聞いて頭に浮かんだ住居のイラストをかかせました。ここでは，「屋根があるが窓のない家」を考えさせました。次に「衣服マッチングクイズ」と題し，提示した住居の見られる地域に適した服装を考えさせました。これらの活動を通して，世界各地の人々と生活の様子が多様であることに着目させ，それを追究するための，単元を貫く課題を教師が設定しました。

屋根があるが窓のない住居の例を提示

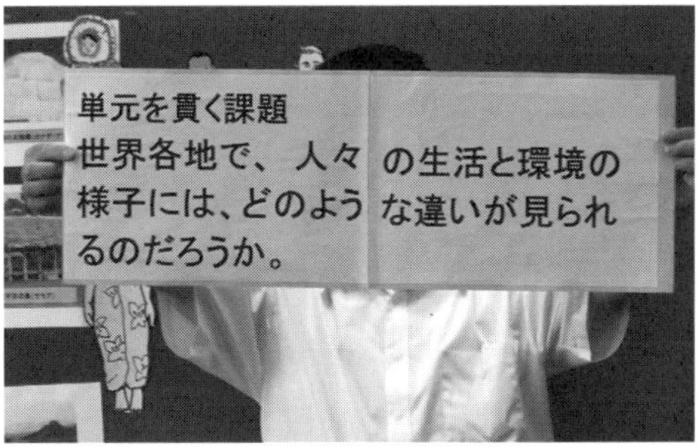

単元を貫く課題の提示

単元構成

第1時　世界各地で，どのような生活の様子が見られるのだろう？

↓

単元を貫く課題　世界各地で，人々の生活と環境の様子には，どのような違いが見られるのだろう。

第2時　寒さの厳しい土地で，人々はどのように暮らしているのだろう？
第3時　常夏の土地で，人々はどのように暮らしているのだろう？
第4時　温暖な土地で，人々はどのように暮らしているのだろう？
第5時　乾燥した土地で，人々はどのように暮らしているのだろう？
第6時　高地で，人々はどのように暮らしているのだろう？
第7時　低地で，人々はどのように暮らしているのだろう？
第8時　世界各地の人々の生活と環境の様子は，どのような違いがあるのだろう？
第9時　宗教と人々の生活には，どのようなかかわりが見られるのだろう？

↓

第10時　人々の生活と環境の様子をイラストマップにまとめよう。

3 授業展開

第2時

この時間では，寒帯や冷帯に暮らす人々を取り上げ，その環境や生活の様子を大まかにとらえさせます。例えば，カナダの北極圏に暮らすイヌイットの生活を取り上げた学習場面で次の発問をし，生徒の知的好奇心を揺さぶり追究意欲を高めようと考えました。

T　北極圏は，気温と降水量から見ると，どのような地域ですか？

S　一年の大半が0度以下で，冬がとても長く寒さが厳しい地域です。

S　降水量は，日本のように多くはありません。

T　北極圏は，一年の大半は雪や氷で覆われており，地面の下も凍っています。短い夏の間，地表の雪や氷が溶けてコケなどがはえます。このような土地で，作物を栽培できるのでしょうか？

生徒の知的好奇心を揺さぶり，主発問につなげる。

S　寒さが厳しすぎて栽培できないと思います。

T　では，**北極圏に暮らすイヌイットはどのようにして食料を確保してきたのでしょうか？**

S　海に近い地域では，漁をして魚を食べていると思います。

S　狩りをして，動物の肉を食べていると思います。

S　他の地域から輸入していると思います。

T　それでは，教科書や地図帳，資料集などを使って調べてみましょう。

✕ この場面で避けたい発問の仕方

調べ学習に導くとき，生徒の追究意欲を高める工夫を考えるとよいでしょう。その際，いきなりキーとなる発問をしたのでは，生徒にとって思考の道筋が整理できなくなる心配があります。補助発問とキーとなる発問を組み合わせて，生徒の思考を引き出し，追究意欲を高めていきましょう。

第5時

この時間では，乾燥帯に暮らす人々を取り上げ，その環境や生活の様子を大まかにとらえさせた後に，他の気候帯に暮らす人々の生活と比較させて，どのような違いが見られるか考えさせました。その際，違いだけでなく共通性についても着目させました。

T これまで寒さの厳しい地域，常夏の地域，温暖な地域に暮らす人々の生活について学習してきました。この時間で学習した乾燥した地域の生活の様子をこれらと比較して，その特色を考えてみましょう。

S 常夏の地域と似ていて風通しのよい服装だけど，乾燥地域では全身を覆う服装が特色だと思います。

既習事項を活用して考えさせる。

S 南太平洋の伝統的住居は風通しがよいけど，西アジアの日干しれんがの家は，壁が厚いと思いました。

S 温暖な地域では四季がはっきりしているけど，乾燥した地域では，四季がないから，一年を通して同じような服装だと思います。

T いろいろな違いがあることに気付いていますね。ところで，**比べてみて何か共通していることはあるのでしょうか？**

S 各地域とも，自然環境に合った暮らし方を工夫していると思います。

S 伝統的な様子はそうだけど，今はどこでもエアコンとかがあって，生活の様子が似てきていると思いました。

✕ この場面で避けたい発問の仕方

この単元では，「世界各地で，人々の生活と環境の様子には，どのような違いが見られるのだろう」と，「違い」をとらえさせることを課題として示していますが，共通性について着目させる発問も組み込むとよいでしょう。そうすることで，異なる文化に対して共感的に理解させたり，伝統文化も近代化により変容していることに気付かせたりすることができます。

4

地理的分野　世界の様々な地域　世界の諸地域

統計資料を読み取らせて アジア州の地域的特色に着目させる

課題　発問　単元

1 統計資料を活用して地域的特色に着目させる

この授業では，アジア州を概観させるとともに，その地域的特色に着目させ，追究するための主題を設定します。大まかにアジア州の地域的特色をとらえさせる方法として，教科書や地図帳，資料集に掲載されている様々な工業製品や資源の国別産出割合を示すグラフを見て，上位に位置する国を調べさせました。すると，多くの工業製品で，中国や日本などアジア諸国が上位を占めていることに気付きます。また，石油は中国や西アジア諸国などが上位にあり，中東諸国は世界有数の石油輸出国になっていることが読み取れます。これらの点に着目させ，アジア州は工業生産が発展している地域であるといった地域的特色をとらえさせることができると考えました。

2 キーとなる発問

世界の工業製品やエネルギー資源の生産から見ると，アジア州はどのような地域と言えるでしょうか？

発問の意図

まず，個々のグラフから，それぞれの生産国を読み取らせます。次に，それらの国が，どの地域にあるのかをまとめさせます。ここまでは，主に資料活用の技能を働かせた学習活動です。そして，キーとなる発問をして，読み取った結果を解釈させ，アジア州の地域的特色を思考させます。発問は，考察の視点を生徒に示すような表現を意図しました。

3 授業展開

T　主な工業製品や資源の主要生産国を，統計グラフを使って調べましょう。
（統計グラフを読み取り主な生産国を調べる）

T　どの国で工業製品や資源の生産が盛んでしたか？

> 個々のグラフから主要生産国を読み取らせる。

S　多くの製品で，中国が１位を占めています。

S　日本やアメリカ，韓国，ドイツ，インドなども上位にいます。

S　石油は，サウジアラビアやロシア，アメリカ，中国が多いです。

T　地域別に整理してみると，どの地域が多いのでしょうか？

> 読み取った国を地域別に整理する。

S　アジアやヨーロッパ，北アメリカです。

T　では，**世界の工業製品やエネルギー資源の生産から見ると，アジア州はどのような地域と言えるでしょうか？**

> 読み取ったことを解釈して，地域的特色を考察させる。

S　アジア州は，工業生産が盛んな地域と言えます。

S　特に，日本や中国，韓国といった東アジアで工業が盛んで，インドやタイなど，南アジアや東南アジアでも発展していると思います。

S　西アジアは石油生産が盛んで，エネルギー資源を輸出する地域だと思います。

T　みんなの意見をまとめると，アジア州は，世界と比べて工業やエネルギー資源の生産が発展した地域と言えそうですね。そこで，これからの授業では，主題を「工業生産が発展しているアジア州」と設定して，その様子を調べていきましょう。

> 教師が主題を設定する。

5

地理的分野　世界の様々な地域　世界の諸地域

主題を設定してヨーロッパ州の地域的特色を追究させる

課題　発問　単元

1 主題を設定して地域的特色を追究させる

この中項目は，各州に暮らす人々の生活の様子を的確に把握できる地理的事象を取り上げて，それを基に主題を設定して学習を展開し，地域的特色を理解させることをねらいとします。主題の設定に際しては，自然環境，産業など様々な面から地域を大観させ，そのうえで教師が主題を設定することになります。

2 単元を貫く課題

なぜ，ヨーロッパ州の人々は国を超えた統合を進めているのだろう。

課題設定の工夫

この単元では，ヨーロッパ州を取り上げます。ヨーロッパ州は，概ね経済的に発展していて，キリスト教が広まり，小麦を主食としている地域ととらえられます。そして，地域内での産業や貿易，交通など結び付きが強く，ヨーロッパ連合（EU）による地域統合が進んでいるといった事象が特徴としてあげられます。本実践では，この点に着目して主題を「統合を進めるヨーロッパ州」と設定しました。

単元構成として，1時間目にヨーロッパ州を大観させます。そして，ヨーロッパ諸国の動きとしてEU加盟国が拡大していることに着目させ，「なぜ，ヨーロッパ州の人々は国を超えた統合を進めているのだろう」と単元を貫く課題を設けました。

単元構成

第1時　ヨーロッパ州は，どんな特色があるのだろう？

↓

単元を貫く課題　なぜ，ヨーロッパ州の人々は国を超えた統合を進めているのだろう。

↓

第2時　なぜ，フランスは世界一観光客が訪れているのだろう？

第3時　産業から見ると，ヨーロッパ諸国は，どのような結び付きがあるのだろう？

第4時　ヨーロッパの人々にとって，EU 統合はどのような影響があるのだろう？

3 授業展開

この単元では，地図帳の活用を意識し，主題図の読み取りなどを次のように位置付け，ヨーロッパ諸国の結び付きをとらえさせようと考えました。

第1時	世界の気候，ヨーロッパの言語，宗教，特色ある食事
第2時	観光客の移動，一般図から鉄道網や河川と運河の読み取り
第3時	労働者の移動，資源分布，農業生産額，工業生産額
第4時	EU 加盟国とユーロの導入国，各国の経済格差

第2時

T フランスを訪れる外国人観光客は，主にどこから来るのでしょう？　このことについて，地図帳の主題図「観光客の移動」を読み取り気付いたことを発表しましょう。

> フランスを訪れる観光客の主な送り出し国を主題図「観光客の移動」から読み取らせる。

S ドイツが1000万人以上です。イタリア，ベルギー，オランダ，スペインも多いです。

T これらの国々は，フランスから見るとどのような位置にありますか？

> 読み取ったことを基に，その特色をまとめさせる。

S フランスの周辺国です。

S 隣り合った国です。

T これらの国々から，観光客はどのような方法でフランスに来るのでしょうか？

S 自動車や鉄道，飛行機などだと思います。

T 地図帳の一般図「ヨーロッパ」を見て，パリを中心にして交通の結び付きを見てみましょう。

> 交通による結び付きを，一般図から読み取らせる。

S パリから出発して，周辺国へ鉄道や道路が伸びています。

S 川や運河をたどってドイツへ行けます。

T いくつか例を説明しますので，そのルートを地図でたどってみましょう。

①スイスのジュネーブやローザンヌから高速列車で，４時間ほどでパリに着く。

②イギリスのロンドンから高速列車で２時間15分でパリに着く。イギリスは島国だが，なぜ列車はロンドンまで行けるのか？
（地図でルートをたどらせる）

> 事例を示して，そのルートを一般図でたどらせ，距離的に近く，比較的短時間で行き来していることに気付かせる。

S　ユーロトンネルでつながっています。

T　**なぜ，フランスは世界有数の観光客数となっているのか，その理由をこれまでの地図の読み取りを基に考えてみましょう。**

> 近隣諸国からの観光客が多い理由を，これまでの読み取りを基に考察させる。

S　フランスは，周辺諸国と鉄道や道路で結ばれ交通網が発達していて，近隣諸国からフランスを訪ねる人が多いからだと思います。

（以下省略）

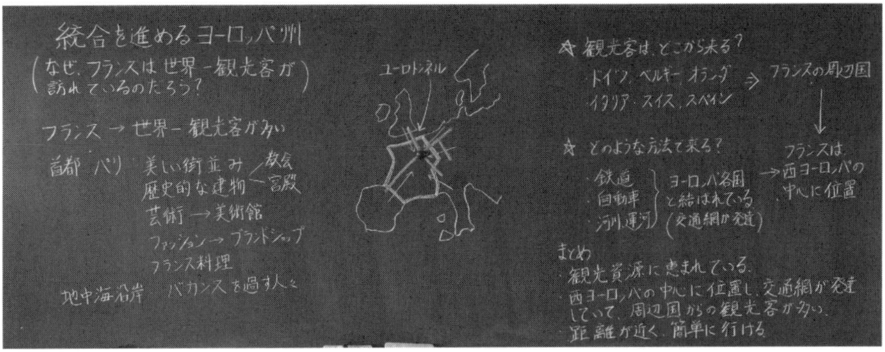

第２時の板書（略地図を描いてビジュアルにまとめる）

✕ この場面で避けたい発問の仕方

主題図を読み取らせるとき，単に「地図を見て気付いたことはありますか？」と発問したのでは，読み取らせたいことに着目させられない心配があります。例えば，主題図「観光客数の移動」では，ヨーロッパ各国の主な移動について情報が流線図で示されています。この授業ではフランスに着目して展開しているので，フランスと他の国との結び付きを取り出して読み取らせる必要があります。そこで，読み取りを指示する前に「フランスを訪れる外国人観光客は，主にどこから来るのでしょう？」と具体的に発問をして，読み取る視点を生徒に意識させました。

6

地理的分野　世界の様々な地域　世界の諸地域

多面的・多角的にアマゾンの開発と熱帯林の保全についてとらえさせる

課題　発問　単元

1 多面的・多角的にとらえさせる

生徒にとって世界の諸地域の学習は，ともするとイメージがつかみにくく内容的にも難しくなりがちです。そこで，この授業では，アマゾンの開発と熱帯林の保全にかかわる人々の営みを取り上げて，様々な角度から具体的にとらえさせようと考えました。

開発と保全の問題は，持続可能な開発のための教育（ESD）の視点からも充実が求められます。この授業では，アマゾンの開発と熱帯林の保全の問題に関して様々な立場があることを理解させるとともに，開発の背景に経済的な問題や食料問題，エネルギー問題など様々な面が結び付いていることをとらえさせようと考えました。

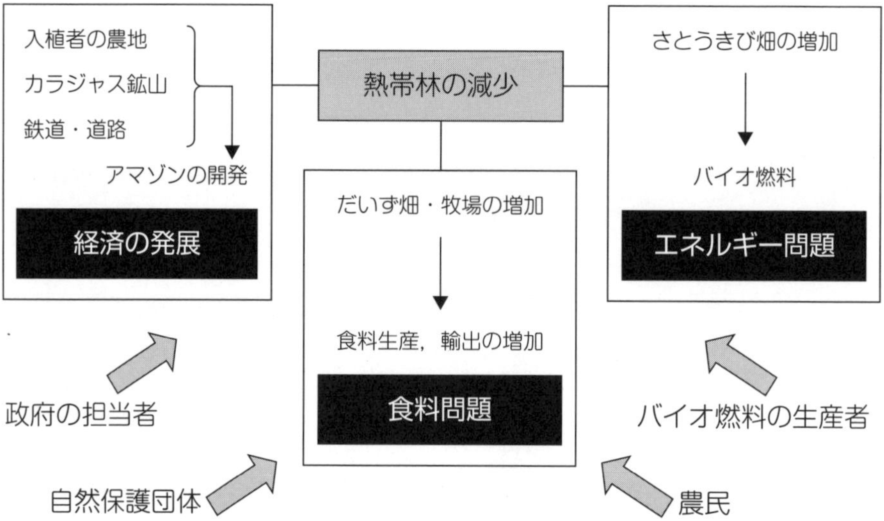

2 キーとなる発問

森林が減少した地域は，どのような土地利用に変わったのでしょう？

発問の意図

まず，アマゾンの熱帯林が減少している事実を衛星写真や統計資料からつかませます。次に，キーになる発問を投げかけ，生徒の課題意識を引き出します。ここでは，地理的分野の学習であることを踏まえ「どのような土地利用に変わったのか」と地域の変容に着目させるような発問を考えました。生徒に，どのような土地利用に変化していったのかを予想させた後，資料を提示して読み取らせていきます。

3 授業展開

T　**森林が減少した地域は，どのような土地利用に変わったのでしょう？**
予想してみましょう。

S　畑になったと思います。広い土地を生かして大規模な農業をするのだと思います。

S　村ができたと思います。住む場所を計画的につくったと思います。

T　では，実際にどのように変化したのかを資料から読み取っていきましょう。この資料は，アマゾンに関係する４人の話が書かれています。４人の立場は，アマゾンの開発を担当する政府関係者，アマゾンの森林保護に取り組む人々，アマゾンに暮らす農民，バイオ燃料の生産者です。この資料を読んで，①アマゾンの森林はどのような土地利用に変わっているのか，②そこで何を生産しているのか，③なぜ，そのように変化したのか理由を読み取りましょう。
（以下省略）

資料を読み取る視点を指示しておくとよい。

7

地理的分野 世界の様々な地域 世界の様々な地域の調査

地図で位置を示しながら追究したことを発表させる

課題 発問 単元

1 追究したことを発表させる学習場面の設定

この単元では，国または地域を取り上げて主題を設定し，その地域的特色を追究させ，世界の地理的認識を深めさせていくことをねらいの１つとしています。この実践では，地理新聞にまとめることを課題としました。そして，単元のまとめとして学級内の生徒全員に追究したことを発表させました。

発表会を設定した理由は，次の２点です。１つは，発表会を通して友達から様々な国の地域的特色を学ぶことで，世界の地理的認識を深めることができると考えたからです。２つめは，表現の技能を培う学習場面を設けることを考えたからです。

2 キーとなる発問

どのようにすると，国の位置をわかりやすく示せるでしょうか？

発問の意図

発表では，世界の掛け地図を使って位置を示しながら，追究したことを説明するという課題を設定しました。多くの生徒は，発表原稿を読むことに終始しがちです。また，国名知識が十分に定着していないため，国の位置がよく分からないでいる生徒も見受けられます。さらに，地図で示しながら説明することに生徒は慣れていない実態がありました。そこで，キーとなる発問を投げかけ，国の位置を説明する際の表現の仕方や指示棒の指し方を意識させました。

3 授業展開

事前に発表原稿を作成させておきます。そして，発表の仕方について課題を示し，教師が発表のモデルを示しました。

T 今日の発表では，様々な国が出てきます。ところで，国の位置と名称について，しっかり覚えていますか？

S ちょっと自信がありません。わからない国があります。

T そこで，今日の発表では，掛け地図を使って，調べた国や地域の位置を必ず指示棒で示してください。**どのようにすると，国の位置をわかりやすく示せるでしょうか？**

（間をあける）

例えば，指示棒で国の位置を示すときは，正確に指し示し，動きを止めましょう。すぐに指示棒を動かしてしまうと，聞き手が位置を確認できません。分布や結び付きを説明するときは，説明に合わせて地図を指し示すとよいですね。先生がオーストラリアを例にやってみますので，聞いていてください。

（以下省略）

●十分満足できる生徒の姿

発表の冒頭で，正確に国の位置を示すとともに，適切に地図を指し示しながら説明している。

●概ね満足できる生徒の姿

発表の冒頭で，正確に国の位置を示している。

すべての生徒の発表が終わった後，教師の講評の中で「どのような示し方がわかりやすかったですか？」と問いかけるとともに，国の位置をわかりやすく示していた発表を取り上げ称賛しました。

8

地理的分野　日本の様々な地域　日本の地域構成

クイズ形式の導入から課題を提示して生徒の興味・関心を高める

課題　発問　単元

1 クイズ形式の導入

この授業では，都道府県の位置と名称を身に付けさせることをねらいとします。生徒は，小学校の学習ですでに取り組んでいますが，なかなか定着していないようです。また，単に「覚えなさい」と言っても学習意欲は高まりません。そこで，クイズ形式の導入を考えました。

2 課題提示の工夫

都道府県の位置と名称を覚えよう。

課題提示の意図

本時の導入として，地元の県章を提示しました。小学校中学年で，自分たちの暮らす都道府県の様子を学習していますので，覚えている生徒も多くいました。これを手がかりに「県章当てクイズ」を行いました。取り上げたのは，青森県，静岡県，石川県，鹿児島県の県章です。これらの県章は，県の形をデザインしていて，県章そのものを知らなくても生徒は地図を見ながら取り組むことができます。このクイズの後，「都道府県の位置と名称を覚えよう」と，生徒に投げかけ本時の課題を提示します。

3 授業展開

T　これは，ある都道府県の県章です。どこかわかりますか？

S　埼玉県です。

T　正解です。これから県章当てクイズをしましょう。4つ出題します。では，第1問。この県章はどこでしょう？

S　青森県です。

T　正解です。どうしてわかったのですか？

S　県の形が描いてあるからわかりました。

T　地図帳で確かめてみましょう。

> 地図帳を活用して県の形や位置を確認させる。

確かに県の形がデザインされていますね。（掛け地図を示す）

次の問題も，県の形がヒントになります。地図をみながら考えてみましょう。

（途中省略）

T　県章当てクイズは当たりましたか？　今日は，都道府県に関するクイズを出していきます。地図帳を見ながら考えてください。そして今日の授業は，**都道府県の位置と名称を覚えることがねらいです。**

（本時の学習課題を板書する。以下省略）

本時の板書と出題したクイズ

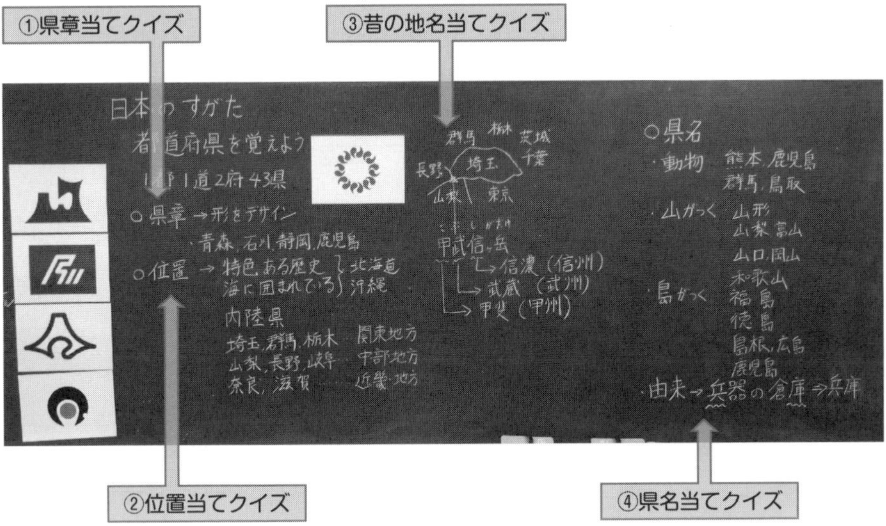

9

地理的分野　日本の様々な地域　世界と比べた日本の地域的特色

風景とグラフを結び付けて世界の大まかな気候の特色をとらえさせる

課題　発問　単元

1 風景から気候の特色を考えさせる

この授業では，世界の気候や植生に着目して世界の大まかな自然環境の特色をとらえさせるとともに，日本が温帯に属し，湿潤温帯気候で降水量が多く，樹木が成長しやすい環境であることをつかませていきます。世界の気候や植生に着目して世界の大まかな自然環境の特色をとらえさせる学習活動として，写真パネルを掲示し，写真の風景から自然環境の特色を考えさせ，その特色をあらわす気温と降水量のグラフを選択させようと考えました。

2 キーとなる発問

これらの写真の地域は，どのような自然環境だと考えられますか？

発問の意図

写真の風景から自然環境の特色を考えさせることを意図して，この発問を投げかけました。ここで，「どのような自然環境」としたのは，本時の学習のねらいを踏まえ，自然環境に着目することを意識させるためです。また，「…と考えられますか？」としたのは，写真から読み取ったことを基に考える場面だということを，生徒に意識させようと意図したからです。

3 授業展開

この時間では，本時の学習課題を板書した後，黒板に４枚の写真パネルを掲示し，キーとなる発問をしました。

T　これらの写真の地域は，どのような自然環境だと考えられますか？
S　右から２枚目は一年中温かい気候だと思います。
T　どうしてですか？
S　ヤシの木がたくさん生えているからです。
T　「世界各地の人々の生活と環境」で学習したことを覚えていましたね。
　　では，雨の降り方はどんな特色があると考えられますか？
S　後ろの山の方も緑がたくさんあるから，結構降ると思います。
T　では，そのような気温や降水量の特色を示しているグラフを，この中から選んでみましょう。（以下省略）

既習事項と関連付ける。

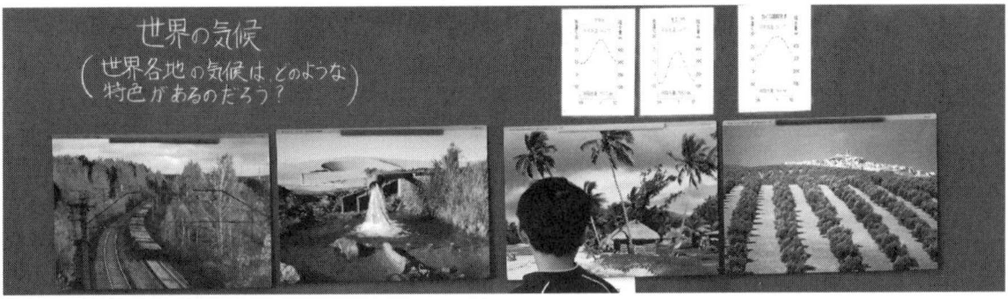

写真の風景に当てはまる気温と降水量のグラフを選択して掲示する

この活動の後，地図帳で世界の気候区分図と各地の気温と降水量のグラフを見て，気候帯とその特色についてまとめました。さらに，温帯を取り上げ，他の温帯と比べながら日本の気候の大まかな特色をとらえさせました。

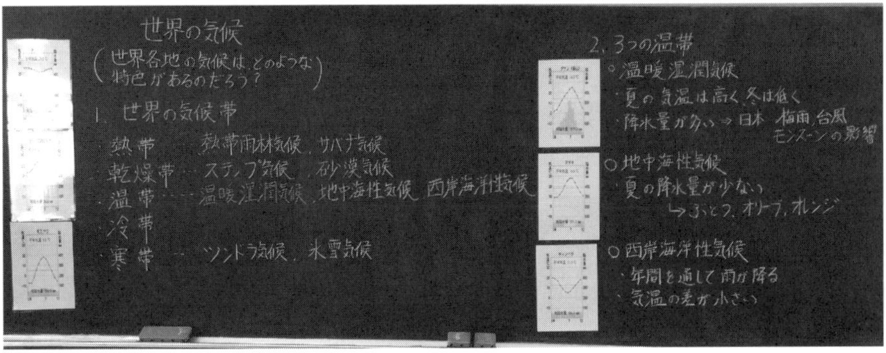

気候帯とその特色，温帯について板書にまとめる

10

地理的分野　日本の様々な地域　世界と比べた日本の地域的特色

新聞の見出しを提示して実際に起きている自然災害に着目させる

課題　発問　単元

1 新聞見出しの活用

この授業では，日本の自然災害について取り上げます。自然災害は，私たちの生活の中で実際に起こっている現象です。このことを生徒に意識させるために，新聞の見出しを活用して導入を工夫しました。

2 課題提示の工夫

日本では，どのような自然災害が起こっているのかとらえよう。

課題提示の意図

本時の導入として，小笠原諸島の西の島と鹿児島県の桜島の火山活動に関する新聞見出しを提示しました。さらに，視覚的に火山活動の様子をとらえさせるために，海上保安庁や気象庁のホームページに掲載されている写真を紹介しました。「西の島の火山活動は，人々から期待されていることがうかがえるが，桜島の噴火はどうだろう？」と生徒に投げかけ，さらに，実物の火山灰を用意して生徒に触らせました。桜島の噴火が，人々の生活に大きな影響を与えていることを押さえ，本時の学習課題を提示しました。

3 授業展開

T　これは，昨年に噴火が始まった小笠原諸島の西の島の様子を伝えた新聞記事の見出しです。この火山の噴火は，私たちにどのような影響があるのでしょう？

S　日本の領土や領海，経済水域が少し広がります。

T　こちらは，鹿児島県の桜島に関する新聞記事の見出しです。活発に噴火している火山です。
１年の理科で，噴火の様子は学習しましたか？

理科の学習成果との関連付けを図る。

S　はい，桜島の噴火の様子をビデオで見ました。

T　西の島の火山活動は，人々から期待されていることがうかがえますが，桜島の噴火はどうだろう？

S　火山灰や石が飛んでくるので嫌がられると思います。

T　ここに本物の火山灰があります。実際にさわってみてください。
（火山灰をさわらせる）

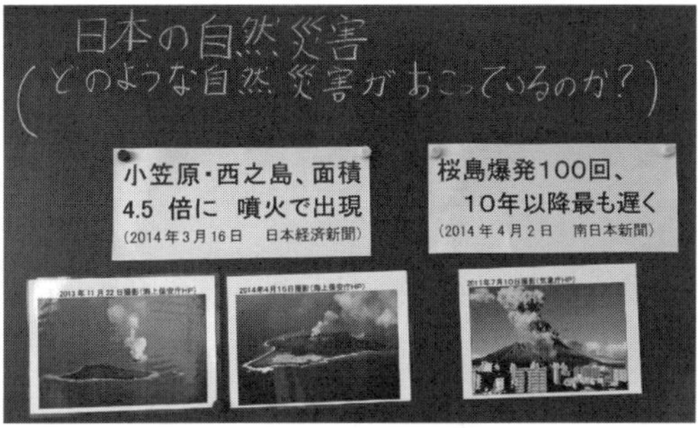

新聞の見出しと写真を提示する

実際に火山灰や火山礫を触らせて考えさせる

T　噴火は，人々の生活にどんな影響があるのでしょう？

S　乾いた火山灰は舞いやすく吸い込むと体に悪そうです。

S　灰が積もると，交通や農業に影響があると思います。

T　生活へ影響を及ぼすことから，桜島の噴火は自然災害ととらえられます。火山の噴火以外にも，様々な自然災害があります。今日の授業では，**日本でどのような自然災害が起きているのか学習していきましょう。**（以下省略）

人々の生活に影響を及ぼす点で，自然災害ととらえられることを押さえる。

11

地理的分野　日本の様々な地域　世界と比べた日本の地域的特色

日本各地の地域的特色と地域間の結び付きを大まかにとらえさせる

課題　発問　単元

1　日本全体の視野から日本各地の地域的特色を大まかにとらえさせる

この授業では，世界と比べた日本の地域的特色の「(エ) 地域間の結び付き」のまとめをするとともに，この中項目全体のまとめと日本の諸地域の導入的役割をもたせようと考えました。この中項目では，自然環境，人口，資源・エネルギーと産業の面から，日本の地域的特色を大まかにとらえてきました。そこで取り上げた地理的事象を，日本の各地方別に整理して，日本全体の視野から，各地域の特色を大まかにとらえさせます。そして，地域間でどのような結び付きが見られるのかを考えさせます。

2　課題提示の工夫

日本の各地方には，どのような地域的特色があり，地域間にはどのような結び付きが見られるのかとらえよう。

課題提示の意図

この授業の導入として，世界と比べた日本の地域的特色の学習のまとめに当たることを生徒に押さえさせて，本時の課題を提示します。本時の課題を２つの内容で構成し，授業展開の順に示しました。まず，日本の各地域の地域的特色を，これまで学習してきたことを基にとらえさせます。この授業では，新たに調べるのではなく，これまでの学習で取り上げた地理的事象を各地方ごとに整理する形で大まかにとらえさせます。次に，各地域の特色を踏まえて地域間の結び付きの特色を，いくつか例を取り上げ考察させます。

3 授業展開

T これまで，自然環境，人口，資源・エネルギーと産業の面から，日本の地域的特色を大まかにとらえてきました。今日の授業では，**これまでの学習で取り上げた内容を，日本の各地方ごとにまとめ，日本全体から見て各地方にはどのような特色があるのかを，大まかにとらえてみましょう。そして，地域間で，どのような結び付きが見られるのか考えていきましょう。**（課題提示）

T まず，各地方の特色を，ワークシートにまとめていきましょう。

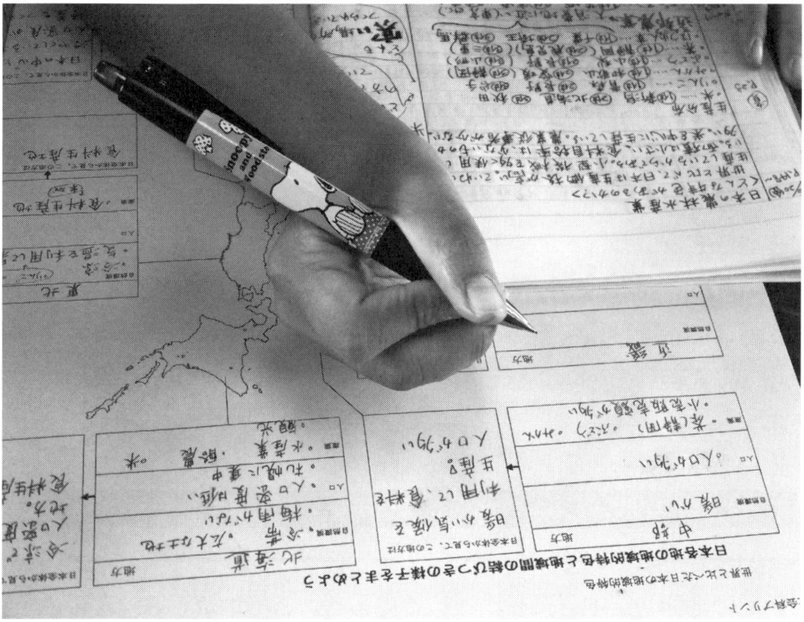

ノートに書いたことを基に，ワークシートに各地方の地域的特色をまとめる

T 次に，**地域間にはどのような結び付きが見られるのでしょうか？** 1つ例を挙げて考えてみましょう。北海道は「日本の食料生産地」という特色を考えましたが，北海道の生産物は，どこに行くのでしょうか？

S 関東や近畿です。人口集中地域なので，そこに送ると思います。

T つまり，生産地と消費地という結び付きですね。（以下省略）

12

地理的分野　日本の様々な地域　日本の諸地域

地図や空中写真を活用して地理的事象をとらえさせる

課題　発問　単元

1 地図や空中写真の活用

地形図や空中写真の活用については，身近な地域の調査で地図の読図や作業的な学習を位置付けることが多いと思います。一方，日本の諸地域では，あまり活用されていないのではないでしょうか。その理由として，指導計画上，身近な地域の調査が地理的分野の学習の最後になっており，日本の諸地域を学習する時期では，読図に関する学習をまだしていないことがあげられます。地図や空中写真は，空間をとらえるうえで有効な資料です。ぜひ，日本の諸地域学習においても，新旧の地図や空中写真を積極的に活用したいものです。ここでは，中国・四国地方を「人口や都市・村落を中核とした考察」に基づいて学習します。この授業では，地方中枢都市である広島市の都心や郊外の変容（都市化）を新旧の地図や空中写真を活用してとらえさせていきます。

2 キーとなる発問

新旧の地図や空中写真を比較して見ると，この地域では，どのような変容が読み取れるでしょうか？

発問の意図

この発問では，学習活動の指示とねらいを端的に生徒に投げかけました。ここで，「変容」としたのは，単なる「変化」を読み取るだけでなく，地域的特色がどのように変わっているのか考察するところまでを求めていることを示しています。ただし，生徒は，「変容」と「変化」の意味的な違いは意識していないと思います。そこで，発問と応答の中で，教師が意図的に言葉の使い分けをしました。

3 授業展開

T これらの地図と空中写真が示す地域は，広島市の中心から見て北部の郊外に当たります。**新旧の地図や空中写真を比較して見ると，この地域では，どのような変容が読み取れるでしょうか？** まず，変化していることを読み取ってみましょう。

> 地域の変容に関連する，個別の地理的事象を読み取らせ発表させる。

S 前は田が多かったのに，今では建物がたくさん建っています。

S 前はJR線だけでしたが，それに加えて新しい鉄道が広島市の中心と結んでいます。

S 高速道路が開通し，インターチェンジがつくられています。

T では，読み取ったことを関連付けてまとめると，どのような地域に変容したと考えられるのでしょうか？

> 個別の事象を関連付け，地域がどのように変容したのか考えさせる。

S 前は田が多かったので農村で人口もあまり多くなかったと思います。今では建物がたくさん建っているので，住宅地域に変わったのだと思います。

S JR線と新しい鉄道で，広島市の中心と結ばれ広島に通勤，通学する人達の住宅地域になったと思います。

T 整理すると，農村から住宅地域へと変容したと考えられるのですね。そして，交通機関の開通により広島の都心部と結び付いたことが影響しているようですね。このような変容を「都市化」と言います。

✕ この場面で避けたい発問の仕方

資料を読み取らせる学習活動で気を付けたいことは，個別具体的な事象を発表させるだけで生徒の学習活動を終わりにしてしまい，教師主導で結論をまとめてしまわないようにするということです。例えば，キーとなる発問として「この地域では，どのような変化が見られたのでしょうか？」と具体的な事象に着目させる発問をしてもよいと思います。その場合，生徒の思考をうながす次の発問を用意しておくとよいでしょう。ここでは，「読み取ったことを関連付けてまとめると，どのような地域に変容したと考えられるのでしょうか？」と発問し，生徒の応答を取り上げる形でまとめをしました。

評価の工夫❷ 評価の重点化を図る

工夫のポイント

日本の諸地域を１つの学習のまとまりととらえ，各単元において４観点すべてを評価するのではなく，各単元ごとに重点を置く観点を計画的に配置し，評価の重点化，効率化を図ります。

具体例

関心・意欲・態度については，日本の諸地域の学習の最初と最後の単元に重点を置き，生徒の変容をとらえようと考えました。思考・判断・表現，技能については，主に前半の単元で一斉授業形態の授業展開をして見方や考え方を身に付けさせ，後半の単元で身に付けたことを活用して調べ学習を行い，特に最後の単元では，発表学習まで位置付けるなど系統的に積み重ね，難易度を上げていくような指導計画と評価計画の工夫を考えました。

なお，知識・理解については，各単元で学習内容が異なるので，すべての単元に位置付けることとしました。

評価計画例（◎印は，重点を置く観点を示す）

単元名（時数）	考察の仕方	関心・意欲・態度	思考・判断・表現	技能	知識・理解
九州地方（4）	（エ）	◎			◎
中国・四国地方（4）	（オ）			◎	◎
近畿地方（4）	（イ）			◎	◎
中部地方（5）	（ウ）		◎		◎
関東地方（5）	（キ）		◎		◎
東北地方（4）	（カ）			◎	◎
北海道地方（6）	（ア）	◎	◎		◎

※日本の諸地域を32時間扱いとして計画した。

13

地理的分野　日本の様々な地域　日本の諸地域

地域を細分して中部地方の地域的特色をとらえさせる

課題　発問　単元

1　地域を細分して地誌的な知識の定着を図る

本実践では，中部地方を「産業を中核とした考察」に基づいて構成しました。本時は，そのまとめとして地域を東海地方，中央高地，北陸地方の３つに細分して，それぞれの地域的特色をとらえさせることを意図しました。

中部地方は９県で構成され，産業についても多様な特色が見られます。したがって，地誌的な知識の定着を図るためには，日本全体の視野から，中部地方が産業の盛んな地域であることを理解させるとともに，その地域的特色を構成している地理的事象が，どこに位置しているのか押さえさせる必要があります。その際，地域を細分することで，産業が成り立っている諸条件（立地条件）がとらえやすくなります。また，地理的な見方・考え方として「大小様々な地域から成り立っている日本や世界の諸地域を比較し関連付けて考察し…各地域の特色には地方的特殊性と一般的共通性があること…を理解させる」と地理的分野の目標(3)に示されていることとも合致します。

2　キーとなる発問

中部地方を３つの地域に分けてみると，それぞれの地域にはどのような特色があるのでしょうか？

発問の意図

本時の展開として，まず中部地方を１つの地域としてとらえ，これまで学習してきたことを基にして，産業から見た中部地方の地理的事象を整理していきます。その際，産業を中核として関連付けた他の事象についても書き出していきます。次にキーとなる発問を投げかけ，細分したそれぞれの地域の地域的特色を考察させます。これらの学習活動を通して中部地方が，異なる特色をもった地域から構成されていて，産業から見ても多様な特色があることを理解させるとともに，地誌的な知識の定着を図ることを意図しています。

3 授業展開

T **中部地方を３つの地域に分けてみると，それぞれの地域にはどのような特色があるのでしょうか？**

S 東海地方は，名古屋大都市圏があり野菜の生産が盛んで，温暖な気候を利用して，みかんや茶の生産も盛んです。

S 東海地方は中京工業地帯や東海工業地域で輸送機械の生産が日本一です。

S 中央高地は日本アルプスが広がり平野がありません。盆地での果樹生産や高原野菜の生産が盛んです。また，きれいな水や空気を生かした精密機械生産が発達しています。

S 北陸地方は冬に積雪が多く，平野を中心に米の単作が見られ，水田率が高いのが特色です。

T 地域を分けて見ると，それぞれの地域で特色をとらえることができますね。（以下省略）

✕ この場面で避けたい発問の仕方

本時の学習目標は，あくまで産業を中核としてとらえた中部地方の地域的特色を理解させることで，その理解を深め地誌的な知識の定着を図るために地域を細分しました。もし，本時で，キーとなる発問を課題提示の場面で投げかけてしまうと，生徒に本時の学習目標が「細分したそれぞれの地域の特色を理解しよう」と伝わってしまう心配があります。発問を投げかけるタイミングを考えることが必要です。

14

地理的分野 | 日本の様々な地域 | 日本の諸地域

国際化，情報化といった社会の動きと関連付けて地域的特色をとらえさせる

課題 発問 単元

1 様々な地理的事象を関連付けて考察させる発問の工夫

地理的な見方・考え方を身に付けていくためには，様々な地理的事象を関連付け，どのような地域的特色が成り立っているのかを自分なりに解釈し，説明する学習活動を設定する必要があります。

本実践では，関東地方を「他地域との結び付きを中核とした考察」に基づいて構成しました。単元を貫く課題を「東京と他地域との結び付きには，どのような特色があるのだろう」と設定し，首都「東京」と日本の各地域との結び付き，東京の都心と郊外の住宅地域，大消費地と生産地域といった結び付きを取り上げました。本時では，これらの学習を踏まえて，国際化や情報化といった社会の動きに気付かせ，これらと関連付けて東京の地域的特色を考察させる発問の工夫を考えました。

2 キーとなる発問

東京が24時間都市と言われているのはなぜでしょうか？

発問の意図

東京の地域的特色を連想させ，かつ，国際化や情報化と言った社会の動きを包含した発問が工夫できれば，生徒の知的好奇心を揺さぶり，思考を促すことができるのではないかと考えました。東京は世界有数の経済，金融の拠点であり，世界各地と情報や物流などで結び付いています。そのため，東京は，24時間活動し続けている国際都市としての特色をとらえることができま

す。この点に着目してキーとなる発問を投げかけて，その理由を考えさせ，グループで話し合う学習活動を展開しました。

3 授業展開

T これまでの学習で，東京には，どのような地域的特色がみられましたか。

S 日本の首都で，政治や経済などの中心地です。

S 日本各地と交通網で結ばれ，その中心になっています。

S 首都圏の中心で，東京の周辺に人口が集中しています。

T ところで，東京の地域的特色を，別の視点から次のようにあらわすことがあります。（「24時間都市」と板書）
東京は，１日中活動している都市だというのです。**東京が24時間都市と言われているのはなぜでしょうか？** この時間は，その理由をグループで話し合い，考えたことを班ごとに説明してもらいます。

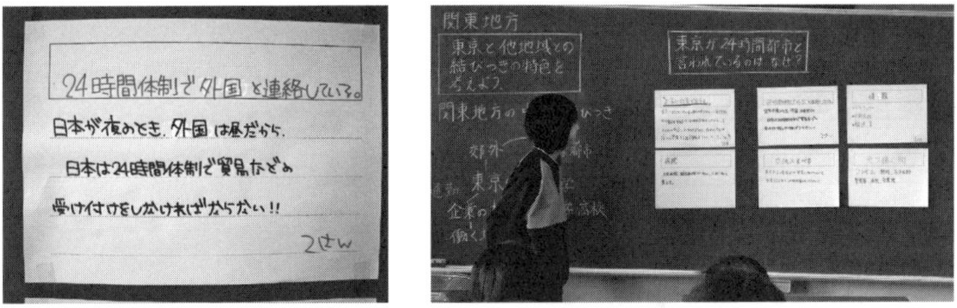

グループで話し合ったことをシートにまとめて掲示し，発表する

✕ この場面で避けたい発問の仕方

キーとなる発問として，例えば，「企業が24時間活動しているのはなぜ」「羽田空港が24時間空港なのはなぜ」と具体的に発問することも考えられますが，これだと生徒の思考を最初から限定してしまうことになります。本時では，これらの発問を，思考につまずいている生徒を助けるための補助発問として位置付けました。

15

地理的分野　日本の様々な地域　日本の諸地域

動態地誌的な学習展開を工夫して地域的特色を追究させる

課題　発問　単元

1 動態地誌的に地域的特色を追究させる

この中項目では，動態地誌的に取り扱い，地域的特色をとらえさせることが求められています。ここで，動態地誌的な取り扱いとは，地域の特色ある事象や事柄を中核として，それを他の事象と有機的に関連付けて，地域的特色を追究することを意味しています。

さらに，この実践では，日本の諸地域の最後の単元であったことを踏まえて，資料を使って調べ，考察したことを発表し，白地図を使ってまとめるといった一連の追究の過程を押さえた単元構成を考えました。この点は，地理的技能の一層の重視，言語活動の充実といった学習指導要領改訂の趣旨とも合致します。

2 単元を貫く課題

北海道地方の人々は，厳しい自然環境の中で，どのような工夫をしているのだろう。

課題設定の工夫

この単元では，「自然環境を中核とした考察」を踏まえて単元を貫く課題を設定しました。この考察の仕方では，自然環境に関する特色ある事象を中核として，それを人々の生活や産業などと関連付けてとらえさせ，自然環境が地域の人々の生活や産業などと深いかかわりをもっていることなどを考えさせていきます。そこで，中核とする事象を「厳しい自然環境」と，関連付けて追究することを「人々は…どのような工夫をしているのだろう」と表現して課題をつくりました。

単元構成

第1時　北海道の人々は，特色ある自然環境の中でどのような生活を営んでいるのだろう。

↓

単元を貫く課題　北海道地方の人々は，厳しい自然環境の中で，どのような工夫をしているのだろう。

第2時　グループごとに，調査地域を分担して調べよう。
第3時　調べたことを基に，地域的特色を考えよう。
第4時　グループごとに，追究したことを発表しよう。

↓

第5時　北海道の地域的特色を，白地図を使ってまとめよう。

3 授業展開

第1時

この時間では，北海道地方の自然や人口分布，都市などを概観させ，冷涼な気候の様子や北海道地方の広大な耕地や計画的な都市づくりといった特色ある事象をとらえさせ，単元を貫く課題を設定しました。

第2～第4時

本実践では，札幌，函館，石狩平野の稲作，十勝平野の畑作，根釧台地の酪農，釧路を取り

ICT 機器を使って情報を提示

上げ，グループ内で分担して調べさせました。第２時と第３時は，同じ項目を分担した生徒で「調べ班」を編成して協力して調べさせ，第４時の発表では，元の班に戻って，追究したことを班内で発表させました。つまり，ジグソー学習の手法を取り入れたのです。

班内で追究したことを発表し合う

第５時

第４時で発表し合ったことを記録用紙にメモさせ，それを基にして白地図にまとめる作業を位置づけました。その際，自分なりにとらえた北海道の地域的特色を文章に記述させました。

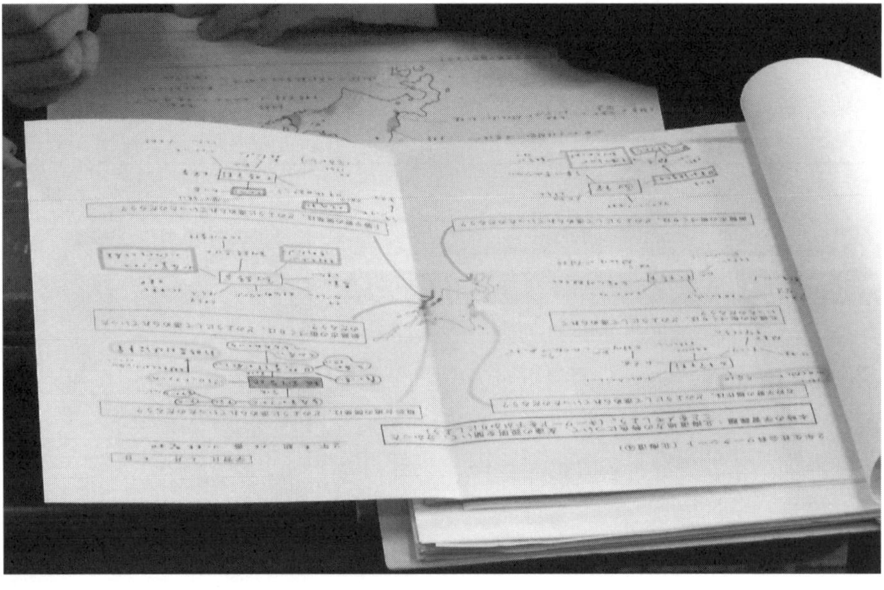

第４時で発表し合ったことをメモした記録（手前）を見ながら，
北海道地方の地域的特色を白地図に書き込んでまとめる（生徒の手元）

✕ この場面で避けたい発問の仕方

単元を貫く課題を，「北海道地方の人々は，冷涼な自然環境…」と，具体的に表現することも考えたのですが，あえて「厳しい自然環境」と表現としました。どのような点が厳しいのか，生徒に自然環境の具体的な特色に着目させたいと考えたからです。

評価の工夫❸ 生徒の思考を可視化する工夫

工夫のポイント

日本の諸地域では，中核となる事象と他の事象とを有機的に関連付けて地域的特色をとらえさせていきます。その際，生徒がどのように関連付けを図っているか，生徒の思考や理解の状況を可視化する必要があります。ここでは，事象間の関連を図示することを考えました。

具体例

問　次の（A）～（D）に当てはまる語句を書きなさい。

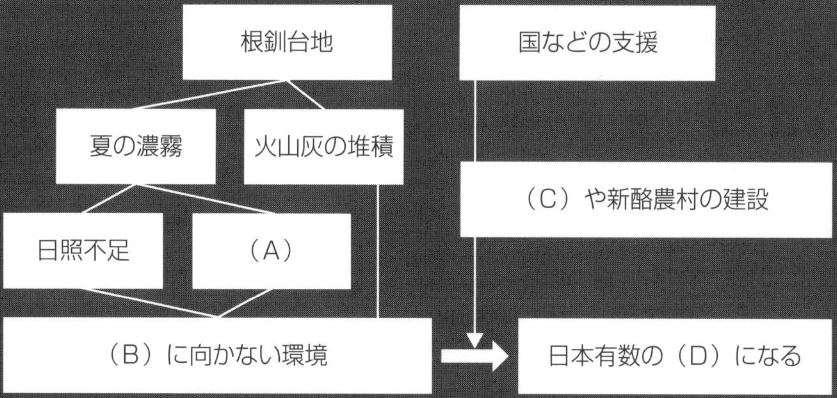

解答例　A…低温　B…耕作　C…パイロットファーム　D…酪農地帯

16

地理的分野　日本の様々な地域　身近な地域の調査

野外観察で身近な地域の地理的事象をとらえさせる

課題　発問　単元

1 観察のポイントを決める

この中項目では，観察や調査などの活動を行うことが求められています。生徒にとって，身近な地域は直接経験地域であり，実際に観察することで，地域の地理的事象をとらえることができます。しかしながら，野外観察を指導計画に位置付けている中学校は，あまり多くないように思います。その理由として，何をどのように観察させればよいかわからないという教師の悩みが聞かれます。観察のポイントを決めるに当たり，この授業では次のことを考えました。

・学校所在地の地域的特色は何か，その特色と結び付く地理的事象は何か。
・分布や変化，結び付きなどに着目させる手がかりになることはあるか。
・ゴミ，交通安全，防災など，地域の課題となっていることはあるか。

2 キーとなる発問

学校周辺の田の高さは，みんな同じなのでしょうか？

発問の意図

日常生活している地域であっても，生徒が気付いていないことがあります。この点を踏まえて，キーとなる発問を投げかけ，観察することを具体的に示していきます。ここでは，田の高さの違いを観察させる活動場面での発問です。自然堤防上につくられた陸田へ，ポンプで水を汲み上げています。田を観察しながら，微高地であることや水を得る工夫なども観察させます。

3 授業展開

この授業では，約750mの観察コースに，３つの観察ポイントを設定しました。市の発行している都市計画図を基に１：3000の縮尺でルートマップをつくりました。それぞれの観察ポイントで，次の発問をしました。

C：この道とBの道とでは，どちらの方が古いのでしょうか？

B：なぜこの道はカーブミラーが多いのでしょうか？

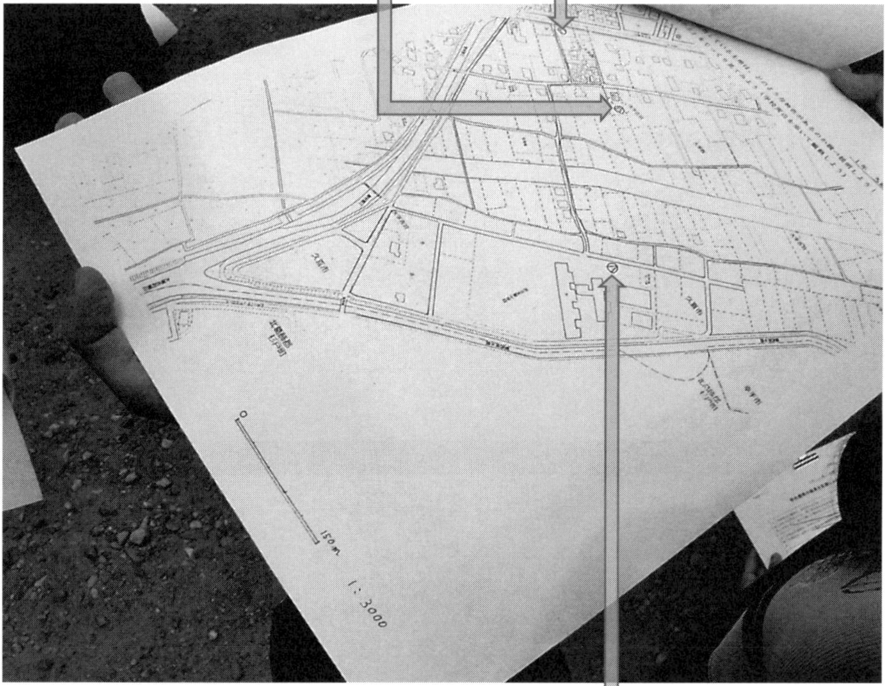

野外観察で使用した地図

A：学校周辺の田の高さは，みんな同じなのでしょうか？

観察ポイントA

田の高さの違いを観察する

T　学校周辺の田の高さは，みんな同じなのでしょうか？
（間をあける）
まず手前とその奥の田を比べてみましょう。

S　手前の方が低い。

S　20㎝位奥が高いかな。

T　これから，歩いていきますので，他の田も見て高さがどのように変わっているか観察しましょう。他に何か気付いたことはありますか？

S　青い小さな小屋があちこちにあります。

T　いくつありますか？　数えてみましょう。

S　７つあります。あれは何ですか？

T　あれはポンプ小屋です。水を汲み上げて田に流します。田植えのころに水を入れている様子を見た記憶のある人はいませんか？
（以下省略）

生徒の経験を引き出し，地域に対する関心を高める。

観察ポイントB

T　なぜ，この道はカーブミラーが多いのでしょうか？　道路に沿って並んでください。そして，左右を見比べ道の様子を観察しましょう。車や自転車に気を付け，道に飛び出さないようにして観察してください。

適切に安全指導を行い，事故防止に努める。

S　道幅があまり広くなく，まっすぐでない。

T　カーブミラーが多いのはどうしてでしょうか？

S　見通しがあまりよくないので，危険だからです。

T　カーブミラーはどこについていますか？
S　Ｔ字路のところにあります。
S　小さいミラーが，家の門のところにあります。
T　それでは，学校に戻るときに，ミラーのある場所を地図に書き込んでいきましょう。
（以下省略）

観察ポイントＣ

T　**この道とＢの道とでは，どちらが古いのでしょうか？**
（間をあける）
まず，この道を観察して考えたことはありますか？
S　この道沿いは，アパートや住宅があるけど，Ｂの道は農家が多かったので，Ｂの方が古いと思います。
S　この道は広くて，まっすぐなので新しくつくったのだと思います。
S　でも，大きなケヤキの木がたくさん並んでいるので，この道も結構古い道だと思います。
T　よく考えていますね。実はその看板に道路の説明が書いてあります。読んでみましょう。
（以下省略）

看板の説明を読んで調べる

✕ この場面で避けたい発問の仕方

野外観察のとき，「何がありますか？」と問いかけ，生徒が応答した後で，教師がすぐに説明して次に進んでしまうことはないでしょうか。このとき，観察のポイントや視点を具体的に示して観察，調査させるようにすると，生徒に地理的事象をとらえさせたり，身近な地域を調べる視点や方法を身に付けさせたりすることができます。

17

歴史的分野　歴史のとらえ方

作業的な学習を通して年代の表し方や時代区分についてとらえさせる

課題　発問　単元

1 小学校での学習を踏まえて年代の表し方や時代区分に着目させる

この大項目のアでは，中学校の歴史学習の導入として，時代の区分やその移り変わりに気付かせ，歴史を学ぶ意欲を高めるとともに，年代の表し方や時代区分についての基本的な内容を理解させることをねらいとしています。本実践では，小学校での学習を踏まえて時代の移り変わりをまとめる作業的な学習活動を設定しました。

2 キーとなる発問

これらの人物から，どのようなテーマが考えられるでしょうか？

発問の意図

この実践では「時代の移り変わりをあらわす作品をつくろう」と題し，各自でテーマを設定して３～４の時代を選び，小学校での学習を踏まえてその時代に活躍した人物や出来事，文化財などをテーマに即して取り上げまとめる作業的な学習を設定しました。本時では，はじめにテーマや取り上げる内容を生徒に考えさせるとともに，テーマ設定の仕方やまとめ方について理解させるために，キーとなる発問を投げかけて例題を示すこととしました。

3 授業展開

T　時代の移り変わりをイラストや説明でまとめる作品づくりをします。各自でテーマを設定して３～４の時代を選び，小学校での学習を踏まえて

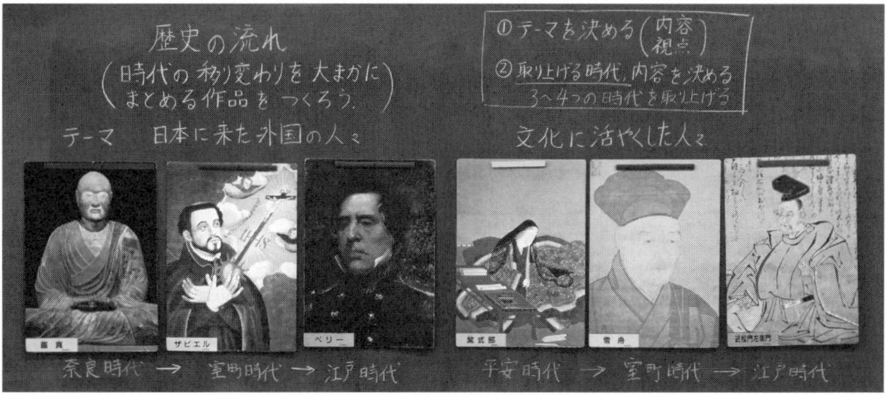

本時の板書（まとめのイメージをもたせる）

その時代に活躍した人物や出来事，文化財などをテーマに即して取り上げてまとめます。はじめに，テーマ設定や取り上げる内容について，例を基に考えてみましょう。

（鑑真，ザビエル，ペリーのパネルを掲示する）

これらの人物から，どのようなテーマが考えられるでしょうか？

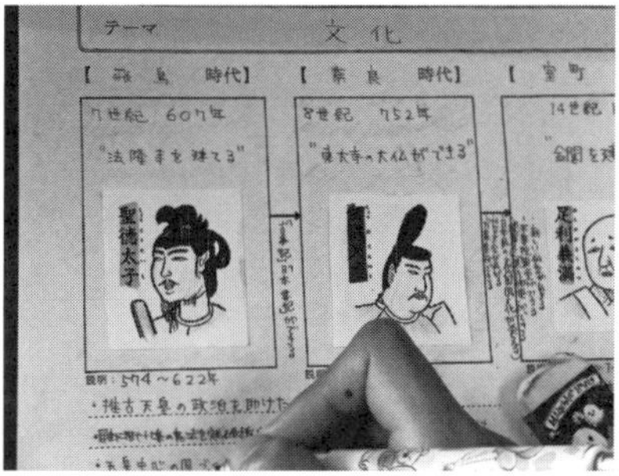

生徒のまとめ

S　日本に来た外国人であることが共通しています。

T　行ったことや特色などの共通点に着目すると，テーマ設定につなげることができますね。（以下省略）

✕ この場面で避けたい発問の仕方

いきなり「テーマを設定して歴史の移り変わりをまとめましょう」と投げかけても，多くの生徒は戸惑うことが予想されます。テーマ設定の仕方について，モデルを示すとよいでしょう。

18

歴史的分野　歴史のとらえ方

中世と近世を比較して それぞれの時代の特色をとらえさせる

課題　発問　単元

1 その時代を大観し表現する活動

この大項目のウでは，学習した内容を活用してその時代を大観し表現する活動を通して，各時代の特色をとらえさせることをねらいとしています。本実践では，江戸幕府の成立について学習した後で中世と近世を比べさせて，それぞれの時代の特色を短文にあらわす学習活動を設定しました。なお，近世については学習を終えていないことも踏まえ，比較する視点を「政治を担った人々」「人々の身分」「土地の支配」の3つに絞りました。

2 課題提示の工夫

中世と近世を比べて，それぞれの時代にはどのような特色があるのかとらえよう。

課題提示の意図

はじめに年表を掲示し，中世から近世に至る時代の流れを確認し，それぞれの時代を代表する出来事や活躍した人物を発表させました。ここで「この時代の中心となったのは，どのような人々だったのか？」と発問し，「武士が中心となって政治を担っていた」「土地を支配していた」といった共通点があることを押さえさせました。そのうえで，武士が中心となった2つの時代には，どのような違いがあるのかを生徒に問いかけ，課題意識をもたせて本時の課題を提示しました。

3 授業展開

T **この時代の中心となったのは，どのような人々だったのでしょうか？**

S 武士です。

T つまり，２つの時代の共通点は？

S 武士が政治を行った時代です。

S 幕府を開いて政治を行った時代です。

T 土地を支配していたのは？

S 武士です。

T では，**この２つの時代には，どのような違いがあるのでしょうか？**
中世と近世を比べて，それぞれの時代の特色を考えてみましょう。
（本時の課題を板書）

授業の流れと板書

導入と課題提示
・時代の流れ
・２つの時代を大観しての共通点を考える

→ **個人でワークシートにまとめる**
・政治を担った人
・人々の身分
・土地の支配

→ **ワークシートにまとめたことを板書に整理し，キーとなった出来事を考える**

→ **それぞれの時代の特色を短文にまとめる**

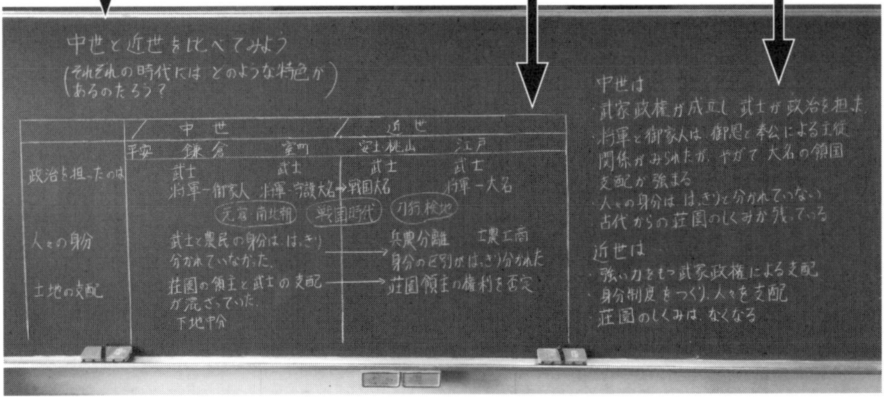

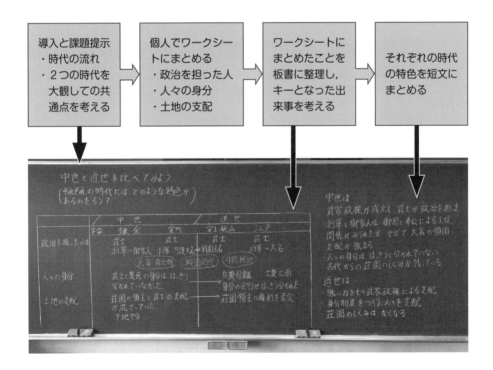

19

歴史的分野　古代までの日本

様々な資料を関連付けて古代国家が形成されていったことをとらえさせる

課題　発問　単元

1 遺跡や遺物と中国の歴史書の記述とを関連付けてとらえさせる

この授業では，東アジアの文明の影響を受けながら，我が国で国家が形成されていったことを理解させていきます。その際，様々な資料を関連付けてとらえさせようと考えました。具体的には中国の歴史書に，断片的に日本の様子が記されています。それを軸にして吉野ヶ里などの遺跡の様子や金印などの遺物を関連付けて，小国に分かれていたがやがて大和政権による統一国家が成立したことをとらえさせていきます。

2 課題提示の工夫

日本では，どのように国家が形成されていったのか，遺跡や遺物と中国の歴史書の記述を手がかりにしてとらえよう。

課題提示の意図

まず，吉野ヶ里遺跡の写真から，柵や堀に着目させます。そして，甕棺《かめかん》に葬られた人骨の中に傷ついたものがあることを示し，これらの遺跡と遺物を結び付けてどのような解釈ができるか考えさせます。生徒は，「この時代に争いがあった」と解答することが予想されます。そこで，中国の歴史書に日本で争いがあったと記録されていることを知らせます。古代の日本に関する様子が中国の歴史書に記録されていることに興味をもたせ，その記述と遺跡，遺物を手がかりに，日本で古代国家が形成されていったことを生徒に投げかけ本時の課題を，追究する内容と追究方法の形で提示します。

3 授業展開

T 吉野ヶ里遺跡の写真を見ると，遺跡を囲むようにつくられているものがあります。これは何でしょう？

S 柵や堀です。

T この遺跡から，亡くなった人を埋葬した甕棺が見つかっています（資料提示）。その中に，首の無い人骨や傷ついた人骨が見つかっています。遺跡と甕棺の様子を関連付けると，この時代にどのようなことが起こっていたと考えられますか？

> 資料を関連付けて思考させる。

S 大きな戦いがあったと思います。

T どうしてそう思いましたか？

S 首がなかったりしているのは戦いのためで，柵や堀は敵からムラを守るためだと思います。

T 実は，日本が弥生時代の頃，大きな戦乱があったという記録が文字で書かれているのです。どこに，その記録が残っていたと思いますか？

> 推測したことと資料とを結び付ける。

S 当時，文字を使用していたのは？

S 中国です。

T そうです。中国の歴史書に古代の日本に関する記録があったのです。そこで，**中国の歴史書の記述を手がかりにして，日本では，どのように国家が形成されていったのかをとらえていきましょう。**

（課題を板書）

✕ この場面で避けたい発問の仕方

生徒の発表の中には結論だけを端的に述べる場合がよくあります。そのような場合，教師がすぐに補足説明するのではなく，「なぜ」「どうして」と聞き返して考察の過程や根拠，理由についても生徒に発表させるとよいでしょう。

20

歴史的分野　古代までの日本

古墳時代の遺物模型を利用して当時の人々の様子をとらえさせる

課題　発問　単元

1 遺物模型の利用

歴史的分野の内容の取扱いに「考古学などの成果を活用」とあります。具体物を提示することで生徒の関心を高めることができます。この授業では，埴輪の遺物模型を利用して観察を行いました。模型を利用することで，実際に手に取り立体的に観察することができます。

2 キーとなる発問

埴輪を観察して，どのような様子が読み取れましたか？
観察した結果から，どのようなことが推測できますか？

発問の意図

観察の結果を発表させる際にキーとなる発問を投げかけ，読み取ったこととその結果から推測できることを区別させることを意図しました。

3 授業展開

T　埴輪を観察して，どのような様子が読み取れましたか？

S　これは馬の埴輪で，鞍がついています。

S　首に鈴のようなものがあります。後ろには飾りがついています。

T　観察した結果から，どのようなことが推測できますか？

S　この馬は，鞍や飾りがついていることから，身分の高い人が乗っていたのではないかと思います。（以下省略）

✕ この場面で避けたい発問の仕方

単に「観察してわかったこと（気付いたこと）は何ですか？」と発問すると，生徒の中には読み取ったことと考えたことを整理しないで発表してしまうことがあります。考察の過程や結果の表現の仕方を身に付けさせることを踏まえ，読み取ったことと，それを基に考えたことの区別を意識させて発表や記述をさせるとよいでしょう。

評価の工夫❹ ショー・アンド・テル（show and tell）

工夫のポイント

遺物模型の観察学習を踏まえて，実際に模型を指し示しながら観察したことや，その結果から推測したことを説明するパフォーマンステストを行い，表現力や理解の状況を評価しようと考えました。

具体例

①打製石器，縄文土器，弥生土器，はにわの遺物模型から１つ選ぶ。

②模型を指し示しながら次のことを説明する。

- この遺物の名称と主に使われていた時代
- 観察から読み取れる遺物の特徴
- 推測したこと

③評価規準

- 適切に模型を指し示しながら遺物の特徴や推測したことを説明している。（表現）
- 適切に遺物の名称や使われていた時代などを発表している。（知識・理解）

21

歴史的分野　古代までの日本

貴族の食事を手がかりにして 租調庸のしくみと農民のくらしをとらえさせる

課題　発問　単元

1 貴族の生活を支えた租調庸のしくみと農民のくらしをとらえさせる

この授業では，律令国家の体制の中で，貴族の生活を支えた租調庸のしくみと農民のくらしをとらえさせていきます。授業展開として，貴族の食事を手がかりにして，貴族の生活が華やかであったことをとらえさせ，本時の課題を設定します。次に律令体制の中で租調庸といった人々の負担があったことを理解させます。その際，その負担が重く農民の生活が苦しかったことをとらえさせます。最後に，貴族や寺社が墾田の開発に努め，公地公民が崩れていくことをとらえさせます。

2 課題提示の工夫

都のくらしは，どのようなしくみの上に成り立っていたのか考えよう。

課題提示の意図

まず，貴族の食事の写真を提示し，その食材を読み取らせます。食事は生徒にとって関心をもちやすい教材だと思います。米や魚，貝，肉など多様な食材が使われていることが読み取れます。次に平城京から出土した木簡の記録を示し，その食材がどこから運ばれてきたのか事例を示し，全国各地から食材が運ばれてきたことをとらえさせます。次に庶民の食事を示し，それと比較させて貴族の生活が華やかであったことをとらえさせます。その際，服装や住居などの資料を比べさせることもできます。このように貴族と庶民を比較させ，生徒の関心を高めてから本時の課題を提示します。

3 授業展開

T この写真は，奈良時代の貴族の食事を再現したものです。どのような食材が使われていたのでしょうか？

S 魚やさざえなどの貝があります。

S 米としいたけ，肉があります。

T いろいろな食材が使われていたのですね。ところで，平城京は海の近くにありませんが，サザエなどの貝はどこから運んできたのでしょう？

S 近畿地方の海から運んだと思います。

T 平城京からは，木簡という木の札がたくさん出土しています。木簡には，何をどこから運んできたのか記録が記されているのです。例えば，アワビを安房国から運んだ記録があります。安房国は今の何県ですか？

S 千葉県です。

（以下，いくつか例を示す）

T 各地から都に食材が運ばれているのですね。ところで，当時の庶民は，どのような食事だったのでしょうか？

S 米とお汁，塩で貴族より品数が少なく，質素な食事です。

T 庶民の生活と比較して都の貴族の生活は華やかだったようですね。**このような都のくらしは，どのようなしくみの上に成り立っていたのか考えてみましょう。**

（本時の課題を提示）

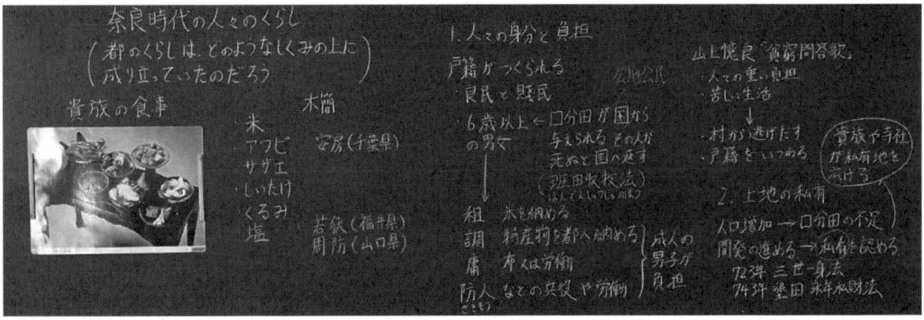

本時の板書

22

歴史的分野　古代までの日本

系図から読み取ったことを基に藤原氏が権力を握った理由をとらえさせる

課題　発問　単元

1 系図を読み取らせる

この授業では，平安時代になると貴族が政治の実権を握るようになり，特に藤原氏が摂関政治を行い栄えたことをとらえさせていきます。教科書に藤原氏の系図が資料として掲載されています。そこで，この系図から読み取ったことを基に藤原氏が権力を握った理由をとらえさせようと考えました。

2 キーとなる発問

なぜ，藤原氏は政治の実権を握ることができたのでしょうか？　藤原氏の系図から読み取ったことを基にその理由を考えてみよう。

発問の意図

この授業では，藤原道長がよんだ歌を紹介し，藤原氏が権力を握っていることをとらえさせてからキーとなる発問を生徒に投げかけました。キーとなる発問は，追究する内容の問いかけと追究方法の指示で構成しました。このように発問することで，生徒に資料（この場合は系図）を読み取る目的や学習活動の見通しを明確にさせようと意図しました。

3 授業展開

T　**なぜ，藤原氏は政治の実権を握ることができたのでしょうか？　藤原氏の系図から読み取ったことを基にその理由を考えてみよう。**

S　摂政や関白になっている人が多いです。

S 天皇と結婚している女性が多いです。

T はじめて摂政になったのはだれですか？

S 藤原良房です。

T **藤原良房から見ると，天皇と結婚した明子という女性は？**

S 娘です。

T 娘を天皇のきさきにすることで，藤原氏と天皇家はどんな関係になりますか？

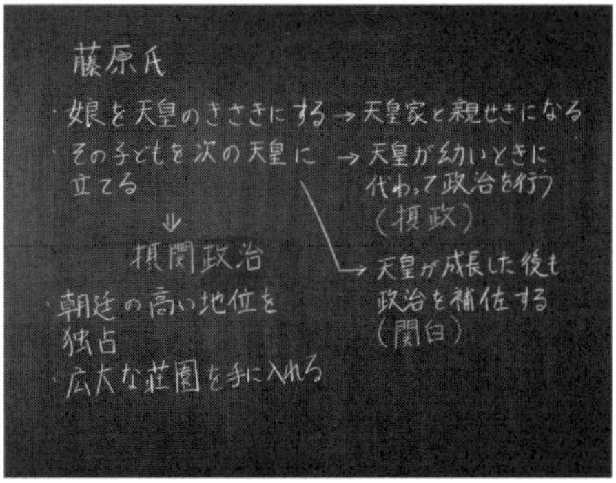

本時の板書の一部

S 親戚になります。

T そして，生まれた子は？

S 天皇になっています。

T もし，天皇が幼く政治ができないとき，代わりに政治を行うのが摂政です。そして，天皇が成人してからも政治を補佐する役が関白です。**系図から読み取ったことを基に，藤原氏が政治の実権を握る事ができた理由を説明してみましょう。**

S 藤原氏は，娘を天皇のきさきにして，生まれた子を幼いときに天皇にしました。藤原氏は摂政や関白になり天皇に代わって政治を行い，実権を握りました。（以下省略）

✕ この場面で避けたい発問の仕方

系図を読み取らせたときに「娘を天皇のきさきにした」といった回答で止めてしまうことがないでしょうか？　この場合「その子を天皇にした」ということについても，とらえさせる必要があります。もし，生徒が気付いていないようなら「生まれた子はどのような立場になっていますか？」と補助発問を投げかけるとよいでしょう。

23

歴史的分野　中世の日本

御家人の立場に立って時代の変化に対する武士たちの動きをとらえさせる

課題　発問　単元

1　御家人の立場に立って考えさせる

この授業では，元寇の後，鎌倉幕府の滅亡から建武の新政を経て南北朝の動乱に至る動きをとらえさせることをねらいとしました。その際，当時の御家人の立場に立って，後醍醐天皇の倒幕の呼びかけ，建武の新政に対する足利尊氏の武家政権復興の呼びかけ，南北朝の動乱といった時代の動きに対して，どちらに味方するか自分なりに考えさせる学習場面を設定し，これを通して，時代の変化に対する武士たちの動きをとらえさせようと考えました。

2　キーとなる発問

もし，あなたが御家人であったなら，…？

発問の意図

この授業では「モンゴルの襲来以降，どのように政治が変化したのだろう」と課題設定しました。その際，起こった出来事に対して武士達はどのように動いたのかを，当時の御家人の立場になって考え意見交換することを説明しました。そして，鎌倉幕府の滅亡，建武の新政，南北朝の動乱を取り上げ，それぞれの出来事について説明した後「もし，あなたが御家人であったなら，…？」とキーとなる発問を生徒へ投げかけ授業を展開しました。これにより，当時の政権に対する武士達の気持ちの変化や動きについて生徒なりに考えさせ，時代の変化をとらえさせることを意図しました。

3 授業展開

この授業では，次の発問を「もし，あなたが御家人であったなら」に続ける形で生徒へ投げかけ授業を展開しました。

発問①
幕府に対してどんな気持ちになりますか？

発問②
後醍醐天皇の倒幕の呼びかけに対してどちらの味方になりますか？

発問③
足利尊氏の武家政権の復活の呼びかけに対してどちらの味方になりますか？

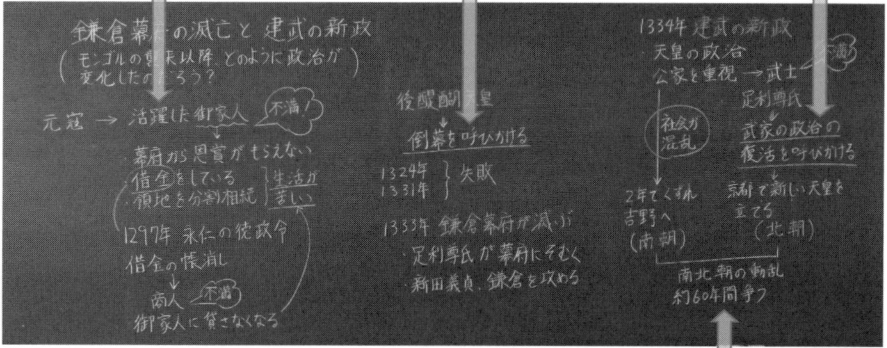

本時の板書（左から右へ出来事の順にまとめる）

発問④　南朝と北朝のどちらの味方になりますか？

✕ この場面で避けたい発問の仕方

キーとなる発問に対する回答を，簡単に単語で答えてくる場合があります。そうしたときは「どうしてそう思ったのか」と問い返して理由を答えさせることが大切です。また，生徒の意見が偏っている場合，教師が少数派の意見を持ち上げて，生徒に揺さぶりをかけて意見交換を活発にさせることも，生徒の思考を深めさせるうえで効果的です。

24

歴史的分野　中世の日本（歴史のとらえ方）

身近な地域の歴史を調べる活動を単元に組み込み，下剋上の広がりをとらえさせる

課題　発問　単元

1 身近な地域の歴史を調べる活動

歴史のとらえ方の中項目イは，身近な地域の歴史を調べる活動を通して，地域への関心を高め，地域の具体的な事柄とのかかわりの中で日本の歴史を理解させたり，歴史の学び方を身に付けさせたりすることがねらいとなっています。そして，地域の特性に応じて計画的に実施することに留意する必要があります。

この実践では，身近な地域に戦国武将が隠居した際に造られた館跡があることに着目し，応仁の乱以降の下剋上の風潮の全国的な広がりと関連させて，身近な地域の歴史を調べる活動を単元の中に組み込むことを考えました。なお，この実践では身近な地域の範囲を概ね市町村の範囲を中心にしつつ，戦国武将の動きを県域，あるいは地方にまで広げてとらえることとしました。

単元構成

・元寇 ・鎌倉幕府の滅亡と建武の新政	→	・南北朝の動乱と室町幕府 ・民衆の成長と産業の発達	→	・応仁の乱と戦国大名 ・身近な地域の歴史（2）	→	・室町時代の文化

（　）の数字は配当時数

2 キーとなる発問

身近な地域では，どのような下剋上の動きが見られたのでしょうか？

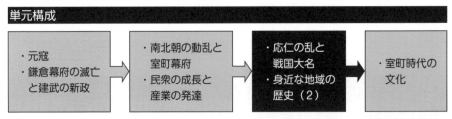

発問の意図

この発問を，応仁の乱と下剋上の広がりについての学習の終末に投げかけました。全国的な視野から学習してきたことを，身近な地域ではどうであったのかという視点から歴史をとらえさせることを意図しました。そして，この発問から課題設定して，次時に身近な地域の歴史を調べる活動を設定しました。

3 授業展開

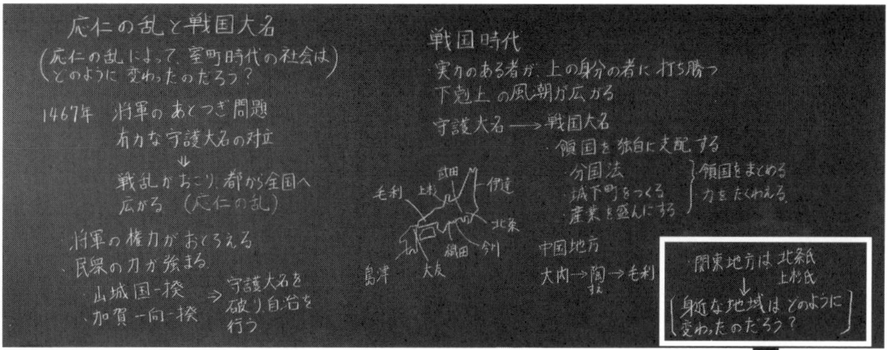

本時の板書

T このように応仁の乱以降，下剋上の風潮が全国に広がり，各地で戦国大名が勢力を広げ，各自の領国を支配したのですね。私たちが暮らしているあたりは，誰が支配していたのでしょう。

S 北条氏です。上杉氏の勢力も迫っています。

T 私たちの身近な地域に，戦国時代に関係する人物や出来事があったと思いますか？

S よく知りません。

S 城跡とかなかったと思うので，ないと思います。

T **身近な地域では，どのような下剋上の動きが見られたのでしょうか？**
次の時間にこのことを学習課題として追究していきましょう。

25

歴史的分野　近世の日本

博物館の web ページを利用して絵画資料を読み取らせる

課題　発問　単元

1 博物館の web ページを利用する

収蔵している資料を web ページで紹介している博物館があります。この授業では，ヨーロッパ人との出会いと信長，秀吉による統一事業を学習する単元の導入として，神戸市立博物館が収蔵している南蛮屏風を取り上げました。教科書や資料集によく掲載されている資料ですが，紙幅の関係上，細部を読み取ることが難しいと感じました。そこで，神戸市立博物館の web ページを利用して，南蛮屏風を拡大して生徒に読み取らせました。

神戸市立博物館は，web ページ上に「デジタルアーカイブ名品撰」として資料価値の高い文化財を画像で紹介しています。画像が鮮明で，拡大できるので授業での活用に適しています。

2 キーとなる発問

ヨーロッパの人々は，どのようなものを日本に伝えたのでしょうか？

発問の意図

提示した資料は，神戸市立博物館が収蔵する狩野内膳筆「南蛮屏風」で，貿易品の荷揚げ，上陸したカピタン一行，彼らを出迎える宣教師や日本人信者たちが描かれています。唐物屋には虎や豹の毛皮，絹織物，陶磁器などの貿易品が並び，その奥には南蛮寺があり，内部では救世主像の掲げられた祭壇の前で儀式が執り行われている様子が描かれています。この授業ではキーとなる発問を投げかけ，南蛮屏風を読み取る視点を生徒に意識づけました。

3 授業展開

T　ヨーロッパの人々は，どのようなものを日本に伝えたのでしょうか？
まず，彼らが持ってきた物を見てみましょう。（荷揚げの部分を拡大）

S　動物がいます。虎や馬です。布を持っている人がいます。

T　右に描かれている店を見てみましょう。（店の部分を拡大）

S　動物の毛皮や織物，壺や皿が並んでいます。

T　店の前で出迎えているのは，どんな人々なのでしょうか？（出迎えている人々の部分を拡大）

S　背の高い人々は，ヨーロッパの人々で服装からキリスト教の宣教師だと思います。日本の老人が十字架を手に持っているので，キリスト教の信者が集まっているのだと思います。

T　南蛮屏風から読み取ったことを基に考えると，南蛮船はどのような目的で日本に来たのでしょう？

S　貿易をすることとキリスト教を伝えることだと思います。

T　なるほど！　では，実際どうだったのか，ヨーロッパ人来航の背景と，日本がヨーロッパから受けた影響について，これから学習していきましょう。（単元を貫く課題を板書）

単元を貫く課題　ヨーロッパ人は，どのような目的で日本に来航したのだろう。そして，日本はどのような影響を受けたのだろう。

なお，この単元では，ルネサンスや宗教改革など世界史の内容を学習してから，ヨーロッパ人の来航や信長・秀吉の統一事業を学習する単元構成が一般的だと思いますが，生徒は単元のはじめに外国の歴史を学ぶことに唐突な印象を受けるかもしれません。一方，鉄砲やキリスト教伝来については小学校で学習しています。以上の点を踏まえ，ヨーロッパ人来航を第１時に設定して，本単元の導入的役割をもたせました。

26

歴史的分野　近世の日本

ヨーロッパ人の来航と関連付けて信長・秀吉の統一事業をまとめさせる

課題　発問　単元

1 単元のまとめの学習活動の工夫

適切な課題を設定して追究したことをどのようにまとめていくか，技能や表現力の育成も意識して，単元のまとめの学習活動を工夫する必要があります。この単元では「ヨーロッパ人が日本に来航した目的は何だったのか。そして，日本はどのような影響を受けたのだろうか」と単元を貫く課題の設定をしました。本時では，信長・秀吉の統一事業を，ヨーロッパ人の来航と関連付けてまとめさせる授業展開を考えました。さらに，次時にヨーロッパ人の来航と日本が受けた影響をポスターに表現する活動を設定しました。

単元構成

導入（1）	追究①（2）	追究②（3）	まとめ（2）（本時）
南蛮屏風	ルネサンス 宗教改革と大航海時代	ヨーロッパ人の来航 信長秀吉の統一事業	ポスター作成

（　）の数字は配当時数

2 キーとなる発問

信長や秀吉はヨーロッパの人々とどのような関係だったのでしょうか？

発問の意図

単元を貫く課題を踏まえ，信長・秀吉の統一事業をヨーロッパ人の来航と関連付けて考察させることを意図して，キーとなる発問を生徒に投げかけま

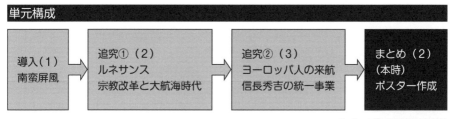

した。そして，具体的な視点として「キリスト教に対して」「貿易に対して」の２つを示し，信長と秀吉のとった対応についてまとめさせました。

3 授業展開

各自が考えたことを黒板に書いてまとめていく

T　信長や秀吉はヨーロッパの人々とどのような関係だったのでしょうか？
まず，キリスト教に対する彼らの対応から見てみましょう。

S　信長は，キリスト教の布教を許しています。

T　なぜ，そうしたのでしょう？

S　キリスト教を認めた方が，南蛮貿易がやりやすく鉄砲など手に入れるのに都合がよかったからだと思います。

S　一向一揆や比叡山焼き討ちなど，仏教勢力と戦いが続いていたので，仏教勢力に対抗するねらいがあったと思います。

T　一方，秀吉はどうだったのでしょう？

S　長崎が教会に寄進されていることを知り，バテレン追放令を出し，キリスト教を禁止しました。

T　なぜ，キリスト教に対する対応が違っているのかを，信長と秀吉の頃の社会の様子と関連付けて考えてみましょう。

S　信長の頃は，まだ戦いが続いていたのに対して，秀吉の頃は天下を統一して，キリスト教が邪魔になってきたのだと思います。
（以下省略）

まとめのポスター作成

単元の最後に，ヨーロッパ人との出会いで日本が受けた影響についてポスター形式で表現する学習活動を設定しました。作成に当たって，必ず略年表を入れることを条件としました。

まとめるに当たって，これまで学習したことを振り返らせることを意図してノートを活用するよう指示しました。また，レイアウトを工夫したり地図やイラストを書き加えたりすることなどを助言しました。

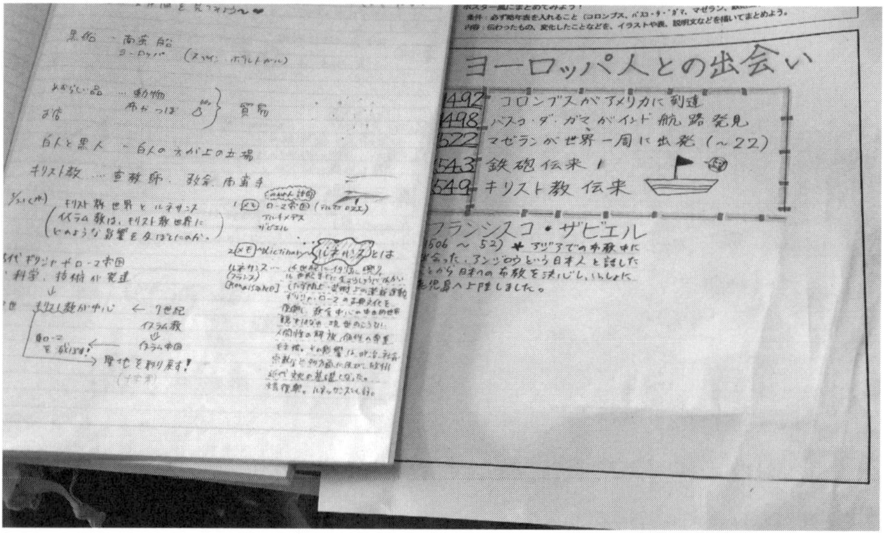

ノートを利用して取り上げる内容を選び，ポスターにまとめさせる

評価の工夫❺ ポスターなどの表現に対する評価

工夫のポイント

ポスターなどの表現は，生徒一人ひとりの個性が表れるので，評価が難しい課題です。そこで，評価の観点を絞って，あらかじめ評価規準を設定し，これに照らして学習状況を判断していこうと考えました。

具体例

課題　「ヨーロッパ人との出会い」について，日本が受けた影響をポスターにまとめる。

条件　略年表を入れる。

評価の観点

●課題を踏まえ，適切な内容を選択してポスターに表現している。（思考・判断・表現）

Aと判断できる姿	Bと判断できる姿	Cと判断できる姿
・鉄砲やキリスト教の伝来，南蛮文化などに着目して適切な内容を多面的・多角的に選択しポスターに表現している。	・鉄砲やキリスト教の伝来に着目して，適切な内容を選択しポスターに表現している。	・鉄砲やキリスト教の伝来に着目して適切な内容を選択できず，ポスターに表現できないでいる。

●略年表などの資料を書いてポスターをまとめている。（技能）

Aと判断できる姿	Bと判断できる姿	Cと判断できる姿
・適切に略年表や地図などを書いてポスターをまとめている。	・適切に略年表を書いてポスターをまとめている。	・適切に略年表を書いてポスターをまとめることができないでいる。

⇩

Cと判断した生徒に対する指導の手だてを想定しておき，指導と評価の一体化を図る。

例　ポスターに表現する内容を選択できないでいる生徒に対してノートを見直して，ヨーロッパ人が日本に伝えたことに着目するよう助言する。

27

歴史的分野　近世の日本

大名，農民，貿易とキリスト教の統制に着目して江戸幕府の政治の特色を理解させる

課題　発問　単元

1 大名，農民，貿易とキリスト教の統制に着目させる

この単元では，近世の日本の中項目イを受け，大名統制，鎖国政策，身分制度の確立などを通して江戸幕府の政治の特色を理解させていきます。徳川家康は，100年以上続いた戦国時代の後で，260年あまり続く江戸幕府を成立させます。その鍵となったのが，大名の統制や農民の支配，キリスト教徒への対応であったと考えられます。そこで，これらの点に着目させて単元を貫く課題を設定することとしました。

2 単元を貫く課題

戦乱の時代の後，260年あまり続いた江戸幕府。
徳川家康らは，どのような政治を行ったのだろう。

課題設定の工夫

まず，豊臣秀吉の死後，1600年の関ヶ原の戦いが起こり，徳川氏の勢力が強大となり1603年に江戸に幕府を開いたことをとらえさせます。しかし，このとき大阪城には豊臣氏がおり，各地には戦国時代を生き抜いた大名が健在であったことを押さえます。次に，大阪の陣で豊臣氏を滅ぼし，幕府は260年あまり続いたことを年表でとらえさせます。そして，生徒に「再び戦乱の時代にならないよう，特にどのような立場の人々に気を付けて政治を行ったのだろう？」と投げかけ，大名や農民，キリスト教徒に着目させて，単元を貫く課題を提示しました。

単元構成

第１時　どのようにして江戸幕府は成立したのだろう？

⬇

単元を貫く課題　戦乱の時代の後，260年あまり続いた江戸幕府。
徳川家康らは，どのような政治を行ったのだろう。

第２時　どのように大名を統制したのだろう？
第３時　どのように農民を支配したのだろう？
第４時　どのように貿易やキリスト教を統制したのだろう？
第５時　どのように外国と交流したのだろう？

3 授業展開

第１時

戦国時代の様子を踏まえて，家康がどのような人々に気を付けて政治を行ったのかを予想し，単元を貫く課題を設定します。

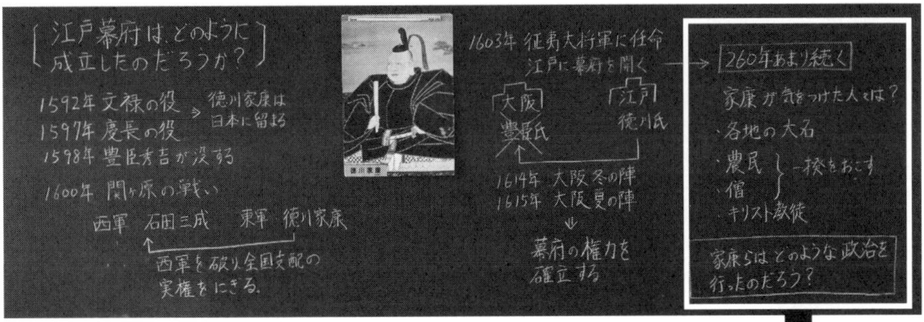

T　家康らは，再び戦乱の時代にならないよう，特にどのような立場の人々に気を付けて政治を行ったのだろう？

S　関ヶ原の戦いや大阪の陣で家康に従ったとはいえ，大名には気を付けていたと思います。

T　どうしてそう考えましたか？

S　戦国時代は下剋上だったので，油断していると反乱を起こされると思います。

S　戦国時代は一揆がよく起きたので，農民に気を付けたと思います。

S　一向一揆では僧も関係していると思います。

S　豊臣秀吉が禁止したキリスト教にも気を付けたと思います。

T　戦乱の時代を生き抜いた家康らは，大名の反乱や農民の一揆，キリスト教の広がりにも気をつけて政治を行ったと考えられますね。この点を踏まえて，単元を貫く課題を次のように設定して江戸幕府の政治の特色を調べていきましょう。

（単元を貫く課題の提示）

第2時

大名の配置や幕府のしくみ，武家諸法度などを通して，幕府が大名を統制していった方法をとらえさせます。

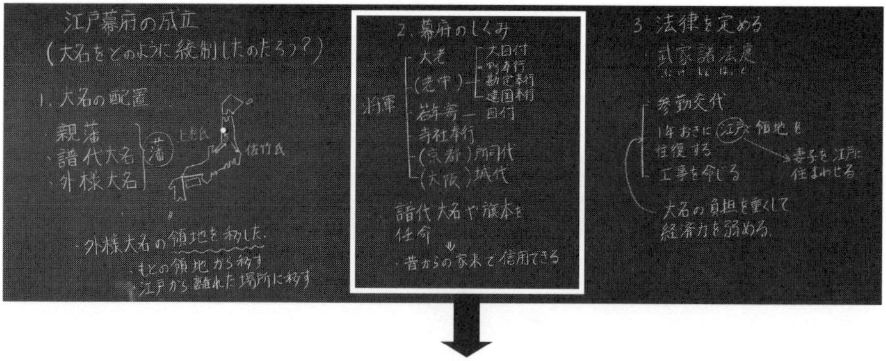

T　老中など，江戸幕府の重要な役職は，どのような大名を任命したと思いますか？

S　親藩や譜代大名だと思います。

T　どうしてですか？

S　親藩は徳川氏の親戚だし，譜代大名は昔から徳川氏の家来だったので，信用されているからです。一方，外様大名は，あまり信用されていないので任命しないと思います。

T　なるほど！　信頼できるかどうかがポイントですね。実際，ほとんどの場合，譜代大名が役に就いていたようです。

第5時

鎖国により，貿易や外交を幕府が独占したことや，鎖国後の外国との交流の様子をとらえさせます。

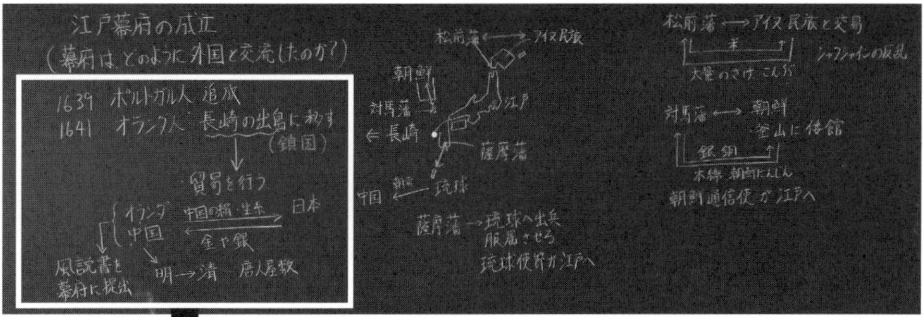

T　**なぜ，幕府は長崎の出島にオランダ人を移したのでしょうか？**

S　大名や商人に自由に貿易させないようにするためだと思います。

S　ヨーロッパの国なので，キリスト教に関する情報が日本に入らないようにするためだと思います。

T　出島の様子を絵から見てみましょう。出島に出入りできる道はいくつありますか？

S　１つだけです。橋がかかっています。

T　ここには幕府の役人がいて，出入りを厳しく見張っていたのです。こんな状況で，オランダから外国の情報を手に入れられるのはだれ？

S　幕府の役人だと思います。

T　そうです。幕府は，オランダと中国に対して外国の情報をまとめた報告書を出させていたのです。これを「風説書」と言います。

28

歴史的分野　近世の日本

幕府の財政難に対する徳川吉宗の改革を予想させる

課題　発問　単元

1 予想し検証する学習展開

この授業では，幕府の財政難に対する徳川吉宗の行った享保の改革のあらましをとらえさせていきます。そのための手だてとして，どのような政策を行い財政の立て直しを図ったのかを予想させ，それを調べて検証する学習展開を考えました。

2 キーとなる発問

幕府の財政難に対して，徳川吉宗はどのような改革を行ったのでしょうか？

発問の意図

まず，収入と支出の両面から幕府が財政難となった理由を説明します。そのうえでキーとなる発問を投げかけ，徳川吉宗はどのような改革を行ったのか予想させます。そして「その予想が正しいか，徳川吉宗の取り組んだ改革の内容を調べて確かめよう」と投げかけて調べ学習へと展開していきます。

3 授業展開

T　徳川綱吉の頃から，幕府は財政難になっていました。収入の面ではこのころから幕府が直接支配していた鉱山の産出量が減少しました。長崎貿易も不振になり，幕府の主な収入は幕

幕府の収入源が年貢（米）であったことを押さえる。

府領からの年貢でした。一方，支出の面からみると，江戸で起こった大火事や富士山の噴火などによって大きな出費が相次ぎました。**幕府の財政難に対して，徳川吉宗はどのような改革を行ったのでしょうか？** 予想してみましょう。

徳川吉宗の行った改革の内容を予想させる。

S 収入の面では，年貢の割合を高くしたと思います。増税です。

S 支出の面では，節約して出費を抑えたと思います。

T それらの予想が正しいか，徳川吉宗の取り組んだ改革の内容を調べて確かめてみましょう。

調べ学習を促し，予想したことの検証を指示する。

（以下省略）

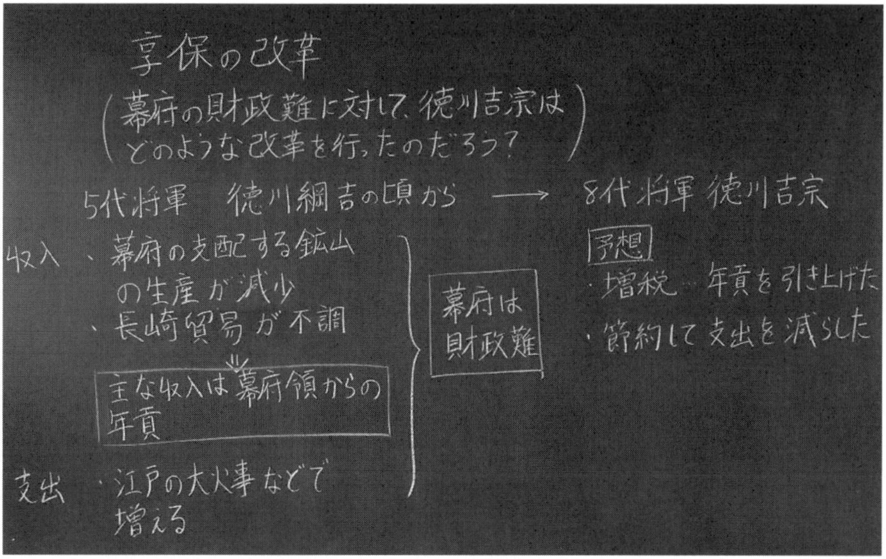

板書に財政難の状況を整理し，それを踏まえて改革の内容を予想させる

29

歴史的分野　近代の日本と世界

新政府に不満をもつ人々の立場に立って自由民権運動の動きをとらえさせる

課題　発問　単元

1 新政府に不満をもつ人々の立場に立ってとらえさせる

この授業では，士族の反乱や自由民権運動の動きをとらえさせることをねらいとします。その際，新政府の政策に対して不満をもつ当時の人々の立場に立って考えさせる学習展開を構想しました。

2 課題提示の工夫

新政府の政治に不満をもつ人々はどのような動きをしたのか考えよう。

課題提示の意図

まず，これまでの学習を踏まえ新政府の政策を略年表の形で板書し，短期間にたくさんの政策を打ち出し，社会の変化が急だったことを押さえます。次に，このような政府主導の変化に対して人々の不満が高まっていたことを押さえます。そして，明治六年の政変で西郷隆盛や板垣退助らが政府を去ったことを説明し，本時の学習問題を提示します。追究の仕方として，新政府に不満をもつ人々の立場に立って，人々の気持ちや動きについて考え，実際に起こった事象を教科書や年表から調べさせていきます。

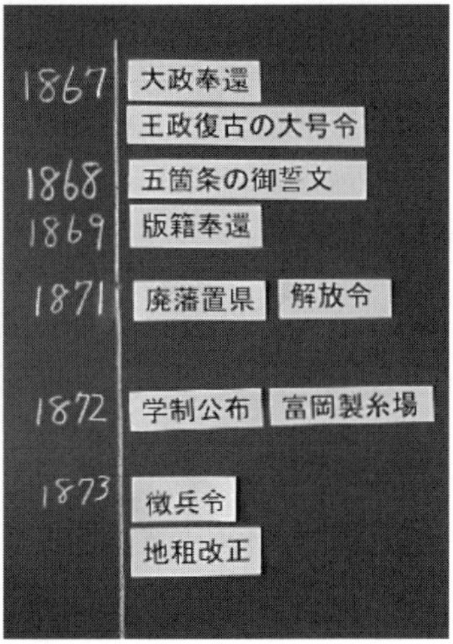

略年表の板書

3 授業展開

課題提示の場面

T　（略年表を示しながら）新政府は，短期間に様々な改革を推し進めました。このように近代化を急ぐ政府に対して不満をもつ人はいなかったのでしょうか？

S　四民平等となり，武士は士族となったが特権はなくなったので不満だと思います。

S　地租改正で，負担が軽くなると期待したのに税の負担が変わらず反対一揆が起きました。

S　徴兵令で，士族は平民と一緒にされ，平民は兵役を負わされ反対一揆が起きました。

T　**新政府に対して不満をもつ人々は，どのような動きをしたのでしょうか？**

（学習問題を板書）

発問を投げかけて生徒に課題意識をもたせる

↓

これまでの学習を基に，政府の政策に対する国民の反応を押さえさせる

↓

学習問題の提示

追究の場面

T　西郷隆盛や板垣退助が政府を去った後，新政府は，大久保利通を中心にして殖産興業政策などの近代化政策を推し進めていきます。

（政府の動きを板書）

この動きを板垣らはどう考えていたのでしょう？

S　工場建設などにお金がかかり，人々の負担はますます重くなると思います。

S　大久保たちが勝手に政治を進め，国民は納得できないと考えています。

（生徒の意見をまとめ，板書）

T　板垣はどのような行動に出たか，年表で調べてみましょう。

政府の動きを提示（説明→板書）

↓

教師の発問

↓

人々の立場に立って考えさせる

↓

実際の事象を資料からつかませる

S　民撰議院設立建白書を提出しています。（板書）

T　板垣は，どのような政治にしていくことを考えたのでしょうか？

S　議会をつくって，人々の代表を選んで政治を行おうと考えました。

S　政府が勝手に決めないように考えたと思います。

T　政府はこの提案をどうしたと思いますか？

（間を開けて）政府はこの提案を無視しました。（以下省略）

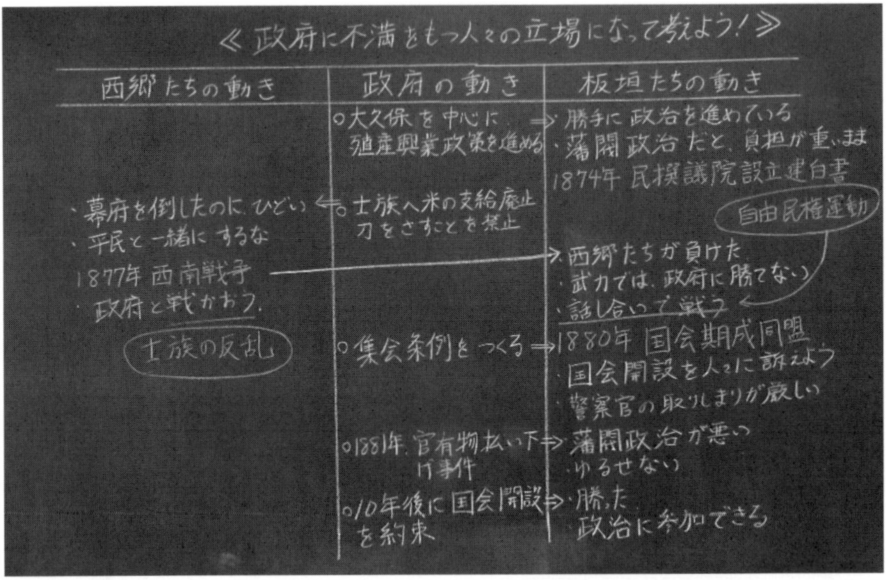

政府の動きと，政府に不満をもつ人々の動きを板書で対比させる

✕ この場面で避けたい発問の仕方

本時の授業展開では，説明，発問と板書をタイミングよく組み合わせていく必要があります。説明や発問だけだと，生徒によっては説明された場面の状況をとらえられない可能性があります。板書を組み合わせることで視覚的に押さえさせることができますし，板書を指し示しながら発問することで，考えるべきポイントを強調することもできます。

評価の工夫❻ 思考をとらえるワークシートの工夫

工夫のポイント

思考・判断・表現の評価方法として，生徒の思考を可視化するために考えたことを記述させることが有効です。そこで，ワークシートの形式を工夫して，生徒の思考をとらえようと考えました。

具体例

課題　明治政府の政策に対して，西郷隆盛や板垣退助らはどのような動きをしたのか，当時の人々の立場に立って考えてみましょう。

作業　政府の動きを説明します。（　　）に当てはまる語を記入しましょう。
明治政府の動きに対する人々の動きについて，太枠の部分を記入しましょう。

西郷隆盛の動き	明治政府の動き	板垣退助の動き
	1　大久保らが（　　　　）を進める ➡	
	2（　　　　）への ⬅ 米の支給を廃止 廃刀令を出す	
	➘ 政府軍が勝利する ➡	

評価規準

明治政府の動きを踏まえて，当時の人々の立場に立って考察したことを適切に記述している。

30

歴史的分野　近代の日本と世界

オーストラリアと比較して第一次世界大戦に対する日本の動きに関心をもたせる

課題　発問　単元

1 同じ経度に位置するオーストラリアと比較して関心を高める

第一次世界大戦はヨーロッパ諸国間の対立や民族問題などを背景に，ヨーロッパ地域を主戦場に展開しました。本時の授業では，この戦争にヨーロッパから遠く離れている日本がなぜ参戦したのか，日本の動きをとらえさせていきます。その際，日本と同様にヨーロッパから遠距離にあるオーストラリアの参戦理由や主な出兵先と比較させ，当時の日本の動向に対する関心を高めようと考えました。

オーストラリアは，ニュージーランドとともに主にトルコ戦線で戦い多大な犠牲者を出しています。その数は第二次世界大戦での犠牲者を上回っています。両国は当時イギリスの自治領であり，多くの住民にとって母国であるイギリスを支援するといったことが参戦の理由としてありました。一方，日本は日英同盟を理由に参戦しますが，主な出兵先は中国にあるドイツの租借地で，そこを攻撃し占領します。そして，1915年中華民国政府に対して21か条の要求を突きつけることとなります。

2 課題提示の工夫

どうして日本は第一次世界大戦に参戦したのだろう。
オーストラリアと比較して，その理由を考えよう。

課題提示の意図

はじめに前時を振り返り，第一次世界大戦がヨーロッパで起こり，日本を含め世界各地から参戦したことを押さえます。そして「どうして日本は，遠く離れたヨーロッパで起こった戦争に参戦したのだろう？」と問いかけ，本時の課題を提示します。

次に，「日本と同じ東経135度に位置する地域が参戦しているのですが，どこでしょう？」と発問しオーストラリアに着目させます。オーストラリアと日本の参戦理由は同じなのか，それとも違いがあるのか生徒に投げかけ，生徒の知的好奇心を揺さぶり関心を高めようと意図しました。

3 授業展開

T **どうして日本は遠く離れたヨーロッパで起こった戦争に参戦したのでしょう？** （間を開けてから）今日はこのことを追究していきましょう。（本時の学習課題 **「どうして日本は第一次世界大戦に参戦したのだろう」** を板書）

T ところで，日本と同じ東経135度に位置する地域が他にも参戦しているのですが，どこでしょう？

S オーストラリアだと思います。

T そうです。ともに遠く離れた日本とオーストラリアの参戦理由は同じだと思いますか，それとも違いがあるのでしょうか？（間を開けてから）オーストラリアと比較して，日本の参戦理由を考えていきましょう。（**「オーストラリアと比較して，その理由を考えよう」** と板書を加える）

✕ この場面で避けたい発問の仕方

ここでは課題設定の場面なので「どうして日本は，遠く離れたヨーロッパで起こった戦争に参戦したのだろう」と発問しましたが，生徒にすぐに意見を求めることは控えました。間を開けて生徒の顔を見渡してからこの点を追究することを本時の学習課題とすることを告げて板書し，「ところで，…」と次の発問を投げかけていきました。

31

歴史的分野　近代の日本と世界

世界恐慌に対する欧米諸国の動きを調べ それを基に日本の動きを推測させる

課題　発問　単元

1 世界恐慌に対する欧米諸国の動きを調べさせる

この単元では，近代の日本と世界の中項目カを受け，経済の世界的な混乱と社会問題の発生に対する欧米諸国の動きをとらえさせるとともに，日本で軍部が台頭し中国との全面戦争に至る経過を理解させていきます。

単元構成の工夫として，まず，世界恐慌に対する欧米諸国の動きをグループで分担して調べ発表させます。それを基に日本の動きはどこの国と同じような動きを取るか推測させ，当時の国際情勢を踏まえて日本の置かれていた状況を押さえさせようと考えました。

2 単元を貫く課題

世界恐慌の発生！
欧米諸国や日本はどのように対応したのだろう。

課題設定の工夫

第１時の学習問題を「ニューヨークの株式市場の大暴落で，世界はどのような影響を受けたのだろう？」と設定し，欧米諸国や日本で経済的な混乱が発生したことをとらえさせ世界恐慌のあらましを理解させます。そして，単元を貫く課題を「世界恐慌の発生！　欧米諸国や日本はどのように対応したのだろう」と設定しました。

ここで「世界恐慌の発生！」と表現したのは，世界恐慌という緊急事態がキーポイントとなることを生徒に押さえさせようと考えたからです。「欧米諸国や日本」としたのは当時の国際情勢，国際関係を踏まえ，世界と比較し相違点や共通点を考えさせながら日本の動きをとらえさせようと意図したからです。

単元構成

第１時　ニューヨークの株式市場の大暴落で，世界はどのような影響を受けたのだろう？

↓

単元を貫く課題　世界恐慌の発生！
欧米諸国や日本はどのように対応したのだろう。

↓

グループで分担して欧米諸国の動きを調べる

第２時　グループで欧米諸国の動きを調べ発表の準備をする

第３時　各グループの発表

↓

日本は，どの国と同じような動きをしたのだろう？

第４時　日本で，どのようにして軍部が台頭したのだろう？

第５時　どのようにして中国との全面戦争になっていったのだろう？

3　授業展開

第１時

T　なぜ，ニューヨークの株式市場の大暴落の影響が，世界中に広がったのでしょうか？

S　第一次世界大戦後，アメリカが世界の経済の中心になっていたので影響が大きかったのだと思います。

S　日本もアメリカとの貿易がうまくいかなくなって影響を受けたのだと思います。

T　日本では，世界恐慌が発生する前から，ヨーロッパの復興に伴う輸出の減少で，第一次世界大戦のときのような好況ではなく，不景気になっていました。さらに，関東大震災の影響もあり，銀行の休業や倒産も相次いでいました。このような状態のときに世界恐慌の影響を受けたのです。**このような世界的な経済の混乱に対して，欧米諸国や日本はどのように対応したのでしょうか？**　これから，このことについて学習していきましょう。
（単元を貫く課題の提示）

第3時

まず，各グループで分担して調べた欧米諸国の動きを発表します。

アメリカ	イギリス	フランス
ソビエト	ドイツ	イタリア

↓

T　**日本は，どの国と同じような動きをしたのだろう？**

S　イタリアだと思います。

T　どうしてですか？

理由を問いかける発問をする。

S　イタリアは，国際連盟の常任理事国で，植民地が少ないという点が日本と似ているからです。

T　日本は，アメリカやイギリスと同じような動きはとらなかったのでしょうか？

比較させ，相違点を考察させる発問をする。

S　アメリカのように国土は広くないし，イ

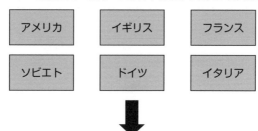

ギリスのように植民地を世界各地にもってはいないので，同じようにはできなかったと思います。

S　イギリスやフランスは植民地をたくさんもっていたので，日本は植民地をもっと広げようと考えたと思います。

T　この時期に，軍隊の力を利用しているのは？

> 比較させ，共通点を考察させる発問をする。

S　イタリアがエチオピアを併合しています。

S　ドイツも再軍備を進めています。

T　では，実際に日本はどのような動きをしたのでしょうか？　次の時間は，このことを学習していきましょう。

✕ この場面で避けたい発問の仕方

この場面で「日本は，どの国と同じような動きをしたのだろう？」と発問した際，生徒の解答が国名だけを答えるだけであったり，同一の解答だけであったりすることが考えられます。それでは生徒の思考が深まりません。そこで，補助発問を用意しておき，理由を示して説明させたり，多角的に思考させたりするように教師が導いていくとよいでしょう。例えば「日本は，アメリカやイギリスと同じような動きはとらなかったのでしょうか？」と視点を変えて生徒に投げかけることで，日本とアメリカ，英国を比較させ相違点を考えさせることができます。

32

歴史的分野　現代の日本と世界

統計グラフを読み取らせて
戦後の民主改革による社会の変化をとらえさせる

課題　発問　単元

1 統計グラフを利用して社会の変化をとらえさせる

この授業では，戦後の混乱の中で，平和と民主主義への期待などを背景にして日本国憲法をはじめとして大きな改革が次々に進められ，現代の日本の骨組みが形成されたことに気付かせていくことをねらいとします。その際，改革による社会の変化を統計グラフからとらえさせることを考えました。具体的には農地改革に伴う自作農と小作農，自作地と小作地の割合の変化や選挙制度の変更に伴う有権者数（または，人口に占める割合）の推移などを取り上げることが考えられます。有権者数の推移については大正デモクラシーの頃の政党政治の発達についての学習でよく取り上げますが，この授業でも利用することができます。

2 キーとなる発問

どのような変化が起こったのでしょうか？

発問の意図

統計資料を示してキーとなる発問を投げかけ，読み取ったことを解釈して社会の変化をとらえるよう生徒に意識させることを意図しました。発問のタイミングとして，改革の概要を説明してから発問し，その結果としてどのような変化が起こったのかをとらえさせるパターンと，初めに資料を提示し発問して社会の変化をとらえさせて「どのような改革が行われたのだろう？」と生徒の関心を引き出すパターンの２つを考えました。

3 授業展開

（農地改革の概略を説明した後，農家数の割合についてのグラフを示して）

T 農地改革を行った結果，農村では**どのような変化が起こったのでしょうか**？

> 統計資料を読み取り，変化をとらえさせる。

S 1994年では，小作農が28.4%を占めていたのが，1950年は5.1%と占める割合が大きく減少しました。反対に，自作農の割合が31.1%から61.9%と高くなりました。

T なぜ，このような変化が起こったのでしょうか？

> 農地改革と関連付けて，変化の理由を解釈させる。

S 小作人に土地が売り渡されて，元小作人が自作農に変わったため，小作農が減り，自作農が増えました。

T 強い地主と弱い小作農という関係に，どのような変化が起こったと考えられますか？

> 農村の変化について，さらに考察させる。

S 自分の土地を持つ農家が増えたことで，地主の力は以前より弱くなったと思います。

S 以前より，農家同士が対等の立場になったと思います。

（以下省略）

✕ この場面で避けたい発問の仕方

上記の授業展開の場面で，生徒に「自作農の割合が高くなり，小作農の割合が低くなった」と回答させるだけでは，単なるグラフの読み取りで終わってしまうことになります。さらに，小作農が自作農になったことに気付かせる必要があります。そこで「なぜ，このような変化が起こったのでしょうか？」と問いかけてみました。

33

歴史的分野　現代の日本と世界

冷戦を踏まえて日本の独立回復と国際社会への復帰をとらえさせる

課題　発問　単元

1 冷戦下の国際情勢と関連付けてとらえさせる

この授業では，日本が独立を回復して国際連合に加盟し，国際社会に復帰したことをとらえさせていきます。授業展開として，次の２つの場面を取り上げ，冷戦下の国際情勢と関連付けて考えたことを意見交換させ，生徒の理解を深めさせようと考えました。

① GHQ が占領政策を転換した理由を，東アジアでの冷戦の動きと関連付けて考えさせる。

②日本の国際連合加盟の申請に対してソ連が拒否権を行使した理由を，冷戦と関連付けて考えさせる。

2 キーとなる発問

①なぜ，GHQ は日本の占領政策を転換したのでしょうか？

②なぜ，ソ連は日本の国際連合加盟を拒否したのでしょうか？

発問の意図

ここでは，冷戦下の国際情勢と関連付けて考えさせる発問を，キーとなる発問として取り上げます。①では，GHQ の中心はアメリカであることを押さえさせ，日本を西側諸国の一員として独立させようとするアメリカの意図に気付かせることをねらいました。②では，東側陣営であるソ連との関係に気付かせるとともに，当時の人々の努力により日ソ共同宣言を経て国際連合への加盟が実現したことをとらえさせていきます。

3 授業展開

T 東アジアでも朝鮮半島が２つの国家に分かれ，中国では国共内戦を経て中華人民共和国が成立しました。この時期，**なぜ，ＧＨＱは日本の占領政策を転換したのでしょうか？**

S 冷戦が激しくなる中で，日本が自分たちの味方になるようにしようと考えたのだと思います。

S 米ソの対立が激しくなり，ゆっくり日本を占領している余裕がなくなったのだと思います。

（以下省略）

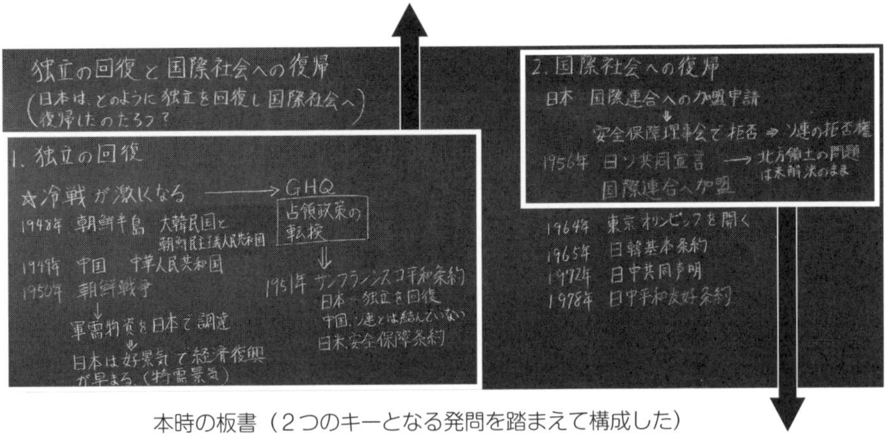

本時の板書（２つのキーとなる発問を踏まえて構成した）

T 日本は1952年に国際連合への加盟を申請し，安全保障理事会で10対１の大差で賛成を得たにもかかわらず，ソ連が拒否権を行使したため，加盟できませんでした。**なぜ，ソ連は日本の国際連合加盟を拒否したのでしょうか？**

S 日本はアメリカ側になったので，ソ連は，国際連合での勢力を保つために日本の加盟を拒否したのだと思います。

S ソ連は，サンフランシスコ平和条約を認めていないので，日本の国際社会への復帰を拒否したのだと思います。

（以下省略）

34

公民的分野　私たちと現代社会　私たちが生きる現代社会と文化

聞き取り調査を通して社会生活の変化に着目させ現代社会の特色をとらえさせる

課題　発問　単元

1 聞き取り調査の設定

この中項目は，現代日本の社会にはどのような特色が見られるのか，どのような伝統や文化の影響を受けているのかを理解させることをねらいとしています。その内容の取扱いとして，地理的分野，歴史的分野との関連を図ることが示されています。この実践では，単元の導入として聞き取り調査を位置付け，高度経済成長期の頃から現在までの社会の変化を，生徒の身近にいる大人から情報を収集し，それを整理分類する作業を設定しました。

2 課題提示の工夫

高度経済成長のころと現在では，私たちの生活にはどのような変化があったのだろうか。身近な大人たちに聞き取り調査をしよう。

課題提示の意図

本時は，公民的分野のガイダンスと単元の導入とで構成しました。はじめにガイダンスとして公民的分野の目標や学習内容について説明した後，「現代の日本は，どのような歩みであったのだろうか？」と発問し，地理的分野，歴史的分野での学習を振り返らせました。そして，学習課題を「高度経済成長のころと現在では，私たちの生活にはどのような変化があったのだろうか」と提示しました。このような手順を踏み，地理，歴史，公民の関連を図ろうと考えたのです。そして，生徒に予想させた後，「身近な大人たちに聞き取り調査をしよう」と学習課題に追加する形で情報収集の方法を示しました。

3 授業展開

T 現代の日本は，どのようにここまで歩んできたのでしょうか？　歴史や地理で学習したことを振り返ってみましょう。

S 戦争で焼け野原でしたが，経済を復興させ，高度経済成長期に入りました。生活が豊かになり，家電製品が家庭に普及しました。

S 世界有数の工業国になりましたが，石油危機から低成長期になりました。

T この，およそ50年の間でもこのような動きがありましたね。**高度経済成長のころと現在では，私たちの生活はどのような変化があったのでしょうか？**

（課題を板書）

S 家電製品が普及し，家事がとても楽になったと思います。

S 地理で少子高齢化が進んだことを習ったので，学校の生徒数もずいぶん違っていたと思います。

T 実際，高度成長期の頃の様子はどうだったのでしょうか？

皆さんの身近な大人たちに聞き取り調査をして，情報を集めましょう。そして，その情報を手がかりにして，現代社会の特色をとらえていきましょう。

（課題に追加して板書）

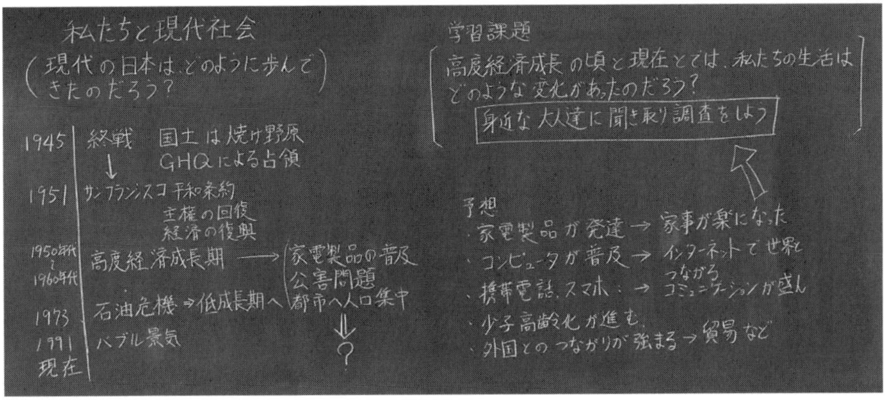

本時の板書（左側に歴史と地理の学習の振り返りを，右側にこれからの学習課題を板書）

本時では，聞き取り調査について説明し，実際の調査は家庭学習での課題としました。そして，次の時間に集めた情報を分類，整理しました。分類，整理の手順は次の通りです。

①集めた情報を，付箋紙１枚につき１つずつ記入する。

②グループになり，順番に集めた情報を発表し，その付箋紙を台紙に貼る。もし，類似の情報がある場合は，そのカードに重ねるように貼り足していく。

③情報の内容を分類し線で囲む。そして，その視点を台紙に記入する。

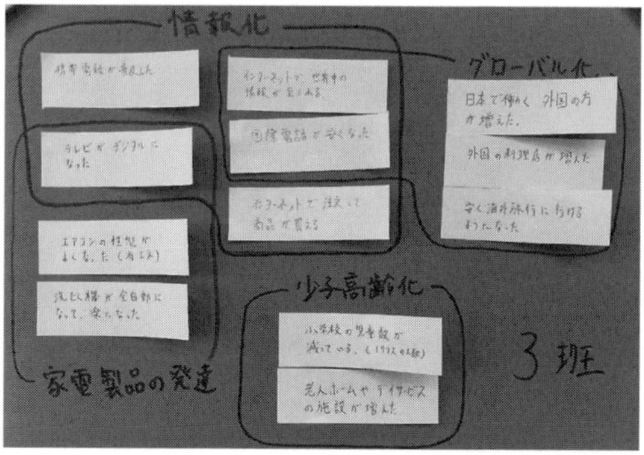

情報を付箋紙に書き分類，整理する

✕ この場面で避けたい発問の仕方

この実践では，聞き取り調査の方法について説明したときに「子どものころと現在を比べて，生活の様子が変わったと思うことはどんなことですか？」という質問例を示しました。保護者の世代が概ね高度経済成長期の後半から石油危機のころに生まれていることを踏まえて表現を考えました。

実際に生徒が収集した情報を見ると，家電製品の変化，家事の様子の変化，情報化に関するものが多く，グローバル化や少子高齢化に関する情報があまり出てきませんでした。単に上述の質問をした場合，回答者としても，家電製品の変化やコンピュータなど情報化についての印象が強いものと推測されます。そのため，質問例の中に「外国とのつながりや少子高齢社会について，生活の様子でどんな変化がありましたか？」といったものも設けておくべきでした。

評価の工夫❼ ペーパーテストで学習活動を再現する

工夫のポイント

ペーパーテストで，実際に授業で行った学習活動を再現するイメージで作問し，思考や技能についての学習状況を評価しようと考えました。

具体例

問 現代社会の特色を次の図に示す視点で分類するとき，下のカードは，どこに貼ればよいでしょうか。カードを貼り付ける場所として当てはまる位置を，図中の①～④の中から選び，その記号を書きなさい。

図 現代社会の特色をまとめよう

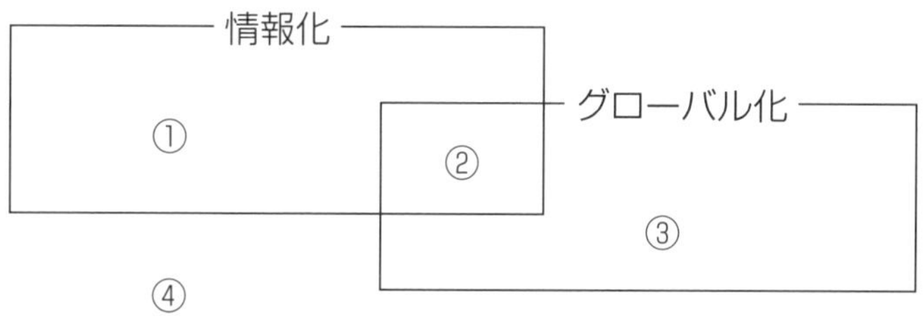

カード（ア） 企業は，インターネットを使って外国の企業に商品の注文を，いつでも送ることができる。

カード（イ） 携帯電話や IC カードを使って，商品の代金を支払うことができる。

評価の観点 思考・判断・表現 **解答** （ア）② （イ）①

35
公民的分野 私たちと現代社会 現代社会をとらえる見方や考え方

対立と合意，効率と公正について考える場面設定を工夫する

課題 発問 単元

1 対立を生じさせる場面の設定

この中項目は，対立と合意，効率と公正といった現代社会をとらえるための見方や考え方の基礎を培うことをねらいとしています。ここで取り上げる内容は，抽象的な概念です。そのため，問題が生じている場面を具体的に設定し，どのように解決すればよいかを考えさせる，ロールプレイングの手法を用いた学習展開が効果的であると考えました。

本時では，マンションでペットを買うことの是非を，マンションの住人の立場になって考えさせる場面設定をして，「賛成」と「反対」の対立を生じさせ「どのように問題解決を図るか」課題意識をもたせて授業を展開していこうと考えました。あわせて契約の意味やルールの必要性についても考えさせます。

2 課題提示の工夫

> マンションで犬を飼いたい！　あなたは賛成しますか，反対しますか。

課題提示の意図

次の２点を意図しました。

①端的な表現で課題を示し，問題となっていることや考えるべき内容を理解させる。

②場面設定をとらえさせるために，次項の掲示物を示して生徒の視覚に訴えながら説明する。

3 授業展開

T みなさんは，何かペットを飼ったことがありますか？

S はい，犬を飼っています。

T 実は，「私」もこれくらいの子犬を飼いたいのです。

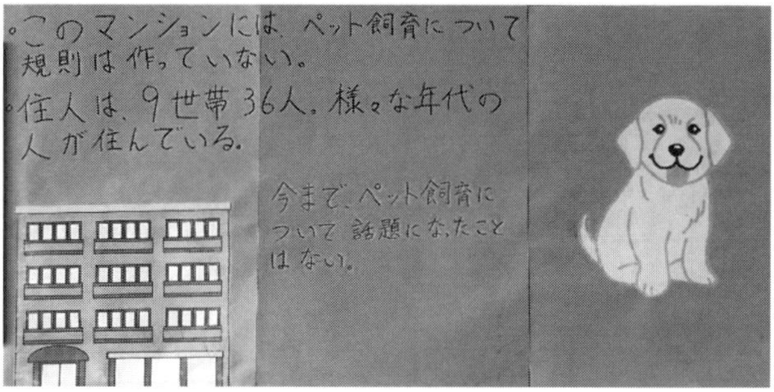

掲示物を使って場面設定を説明する

（折り込んでいた犬のイラストの部分を見せる）

S かわいい。

T ところで，「私」はマンションに住んでいます。マンションの管理人さんに聞いたところ，このマンションの規約にはペットについて決まりがないし，住民の間で話題になったこともないのだそうです。管理人に相談したところ，他の住人に相談してみてくださいと言われました。このマンションには9世帯，36人が住んでいます。その年代は赤ちゃんから70歳代の高齢者まで様々です。（掲示物を広げて場面設定を示す）
皆さんがマンションの住人だったとしたら，このマンションで犬を飼うことに賛成しますか，反対しますか？ 今日は，マンションの住人の立場になって，この問題を考えてみましょう。

✕ この場面で避けたい発問の仕方

この実践では，生徒がマンションの住人という立場になり，それを通して自分なりの価値観を表出させることがポイントとなります。授業前は「犬を飼うことをどう思いますか？」と発問しようと考えたのですが，この学習活動で，何を考えればよいかをより端的につかませるために，「賛成しますか，反対しますか？」と問いかけることにしました。

合意を目指す鍵となる意見に着目させ，対立と合意，効率と公正について考えさせる

課題　発問　単元

1 条件をつけて判断している意見に着目させる

「マンションで犬を飼いたい」と場面設定をした授業の続きです。「賛成するか，反対するか？」と問うと，生徒の中から条件を付けて判断する意見が出てきます。例えば「○○ならば賛成するが，▲▲ならば反対する」というものです。このような意見に着目させて合意形成を働きかけ，対立と合意，効率と公正といった概念をとらえさせていきます。

2 キーとなる発問

なぜ，そのような条件を付けて判断したのですか？

発問の意図

条件を付けて判断を述べた意見の中には，賛成，反対双方の主張を踏まえて考えたものがあり，合意を目指すカギとなる可能性があります。そこで，生徒に「なぜ，そのような条件をつけて判断したのですか？」と，その理由を問いかけます。さらに，他の生徒に「その条件に同意できるか」を考えさせ，合意形成を促していきます。

3 授業展開

T　マンションで犬を飼うことについて，あなたは賛成しますか，反対しますか？

S　私は，賛成します。ペットがいると心が和むからです。

S　私は，反対です。犬がほえるとうるさくなり，迷惑だと思います。

S　私は，飼い主が責任をもってしつけるのなら賛成ですが，しつけができないのなら反対です。

T　**なぜ，そのような条件を付けて判断したのですか？**

S　ペットを飼うメリットは納得できるのですが，しつけができていないと迷惑なことが起こると思います。そこで，条件をつけて考えました。

T　**みなさんは，「責任をもってしつけるのなら賛成」という考えに同意しますか？**

S　はい，私は賛成です。飼いたい人の気持ちを考えると，ペットを飼うことをはじめから禁止しなくてもよいと思います。責任をもってしつけてほしいと思います。

S　でも，無責任な飼い主だっていると思うので，私は同意できません。

T　では，さらにどのような条件を付ければ，合意できるでしょうか？

S　住民からの苦情が出されたときに，それを改善できなければ飼うことを止めてもらうことを約束してもらえばよいと思います。

T　ところで，今後もペットを飼いたいという申し出があるかもしれません。そのたびに皆さんで話し合うのは時間もかかるし大変だと思うのですが，どうしたらよいでしょう？

効率の観点から規則の有用性に着目させる。

S　今日の話し合いで合意したことを規則としてまとめておけば，判断の基準になると思います。

✕この場面で避けたい発問の仕方

単に，賛成か反対かを問うだけでは，合意形成を図る過程を十分にとらえさせることはできません。本時では，キーとなる発問と，友達の意見を聞いてどう思うか問いかける発問を組み合わせることで，合意形成を促していきました。

37

公民的分野　私たちと経済　市場の働きと経済

生徒の常識を揺さぶる教材を工夫し，興味・関心を高める

課題　発問　単元

1 生徒の常識を揺さぶる教材の工夫

この授業では，貨幣のもつ機能や働きについて理解させることを主なねらいとしました。今日，市場における取引は貨幣を通して行われています。その支払い方法は，情報化社会の発達に伴い，現金を用いる他，電子マネーやクレジットカードによる決済など多様です。

ところで，ミクロネシア連邦のヤップ島では，現在でも「石貨《せっか》」が存在します。ヤップ島では石貨の材料となる石がなく，遠くパラオ島まで採掘しカヌーで運んできたというのです。そのため，貨幣の価値は，石の大きさではなく，運搬の大変さなど石貨のもつ歴史により変わってくると言われています。もちろん，日常生活の中で石貨が使われることはありません。冠婚葬祭など儀礼的な場で財産権を移動させるときに使われるそうです。それでも，現在でも石の貨幣が使用されているという事実は，生徒の常識を揺さぶる効果が十分あると考えました。

2 キーとなる発問

現在でも，石の貨幣は使われているのでしょうか？

発問の意図

貨幣の機能，貨幣の歴史について取り上げた後，キーとなる発問を生徒に投げかけます。ほとんどの生徒は「使われていない」と答えることが予想されます。ここで，石貨の写真を提示します。生徒にとっての常識が揺さぶら

れ，その分石貨に対する関心が高まると期待できます。この発問を設定してヤップ島の人々と石貨のかかわりを考える学習場面を展開させ，これを通して，貨幣のしくみや役割について理解を深めさせようと考えました。

3 授業展開

T 金属で貨幣がつくられる前は，何で貨幣をつくっていたのでしょうか？

S 石や貝を材料にしていました。

T では，**現在でも，石の貨幣は使われているのでしょうか？**

S ないと思います。

S 石のお金では，使えないと思います。

T なぜ，使えないのでしょう。具体的に考えてみましょう。

S 重くて運べないし，かさばるので財布に入れられません。

S 勝手につくられるかもしれないので，お金として信用できません。

S 落として石がかけたら，使えなくなってしまうと思います。

T なるほど，このように考えると，現在私たちが使っている貨幣のよさがわかってきますね。ところで，この写真を見てください。これは，ミクロネシア連邦のヤップ島で今でも使われている貨幣で，「石貨」と言います。

（以下省略）

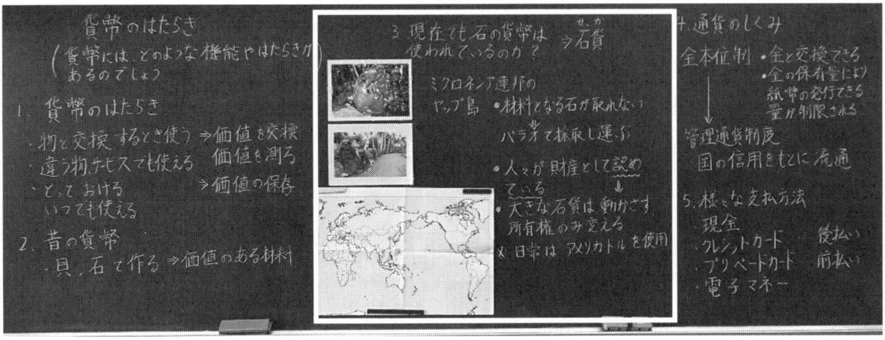

本時の板書例（太枠はヤップ島の石貨についての板書）

38

公民的分野　私たちと経済　市場の働きと経済

身の回りの具体例と結び付けて生徒の興味・関心を引き出し，とらえさせる

課題　発問　単元

1 身の回りの具体例と結び付ける

この授業では，商品の価格について，価格の構成や流通との関係，需要と供給の関係と市場価格について理解させることが主なねらいとなります。生徒は，生活経験から同じ商品なのに価格が異なる事例を身近に知っています。そこで，この学習では導入として，身の回りに見られる具体例を発表させました。これを手がかりに，生徒の身の回りの具体例と結び付けることで，本時の学習を生徒の身近に感じさせ，興味・関心を引き出そうと考えたのです。あわせて，具体的事象を手がかりに，流通の合理化と価格の変化，需要と供給と市場価格の関係といった概念をとらえさせようと考えました。

2 キーとなる発問

なぜ，工場直売の方が小売店より価格が安くなるのでしょうか？

発問の意図

流通経路と価格の関係を，価格の構成（内訳）に着目して考えさせる学習場面で，具体的な例を基に学習問題を示す発問を考えました。ここで，発問のつくり方として「なぜ，（　A　）の方が，（　B　）より価格が安くなるのだろう」と，流通経路と価格の関係に着目させる問いの形を考え，（　A　）と（　B　）は生徒が発表した具体例から当てはめることとしました。

同様に，需要と供給について着目させる学習場面では「なぜ，豊作のとき，（　C　）の価格は安くなるのだろう」といった発問が考えられます。

3 授業展開

本時は，導入として，商品の価格が，時期や商品の量，場所などによって違いが見られた具体例を発表させ，「商品の価格はどのように決められるのだろう」と学習問題を提示しました。そして，価格の構成と流通について次のように展開しました。

T 先程，工場の直売店の方が小売店より安く買えたという意見がありました。**なぜ，工場直売の方が小売店より価格が安くなるのでしょうか？**

S 工場で売れば，輸送費がかからないから，その分だけ安くなるのだと思います。

S 工場は，つくった人だから，自分で値段が決められるからだと思います。

T では，商品の価格の内訳はどのようになっているのでしょう。まずは生産者の段階から考えていきましょう。生産者が値段を決めるときには，どのような費用が入っているのでしょうか？

（以下省略）

> 生産者，卸売，小売といった流通経路に着目させ授業を展開していく。

✕ この場面で避けたい発問の仕方

この学習場面で，「流通経路の違いにより，価格はどのように変わるのでしょうか？」という発問も考えられます。ただし，この表現は，生徒にとっては抽象的な感があり，流通経路の違いを理解していないと課題に取り組めない心配があります。学習の取りかかりとしては，具体的に発問していく方がよいでしょう。

本時では，この学習場面のまとめとして，この発問を投げかけて生徒に説明させる学習活動を設けました。具体的な事象から抽象的な概念へという展開を意識したからです。

39

公民的分野　私たちと経済　国民の生活と政府の役割

折り込み広告を比較して，消費者の権利や保護について考えさせる

課題　発問　単元

1 折り込み広告を手がかりにする

この授業では，消費者の自立が大切であることや，国や地方公共団体が，消費者を保護し，自立を支援するための取り組みをしていることを理解させていきます。その手がかりとして折り込み広告の利用を考えました。

折り込み広告は，生徒にとって身近な情報源であり，これを利用して商品を選択した経験があるものと考えられます。また，広告の記載については「不当景品類及び不当表示防止法」が定められており，消費者保護について行政の具体例ともなっています。これらの点から，消費者の権利や自立について考えさせる手がかりとして利用できると考えました。

2 課題提示の工夫

広告には，どのような情報が，どのように表示されているのだろう。
折り込み広告を見比べて調べよう。

課題提示の意図

まず，生徒に折り込み広告を利用した経験があるか問いかけます。生徒は，商品選択の際に利用した経験等を述べると予想できます。広告に着目させて生徒の関心を引き出したうえで「広告には，どのような情報が，どのように表示されているのだろう」と本時の学習問題を提示します。生徒は知っていることをいくつか発言してくると思います。「実際に，折り込み広告を見比べて調べてみましょう」と受け止め，本時の学習活動を示していきます。

3 授業展開

実際の課題提示は，次のような展開でした。

T 折り込み広告を利用した経験がありますか？

S ゲーム機を買うときに，いくらで買えるか見ました。

S どっちの店で買った方が安いか比べるのに利用しました。

T **広告には，どのような情報がどのように表示されているのでしょうか？**（学習問題を板書）

S 商品の写真や値段が載っています。

S 産地やメーカーの名前が書いてあります。

T よく知っていますね。実際にこれらの情報が，どのように表示されているのか，また，他にも表示されている情報はないか，**実際に折り込み広告を見比べて調べてみましょう。**（学習活動を板書）

折り込み広告を見比べて調べる

✕この場面で避けたい発問の仕方

生徒は，経験的に商品，サービスの価格やメーカーや産地名など表示されている情報をいくつか知っていることが予想されます。そこで，学習問題を，単に「どのような情報が表示されているのか」とするのでなく，「どのように表示されているのか」と表現の仕方にも着目させていくこととしました。そうすることで，広告を見比べる視点を設定し，企業の意図や，消費者として注意すべきことなどを考えさせる手がかりができると考えました。

広告を見比べ調べる活動の後，広告を作成する企業の意図，広告をめぐり消費者と企業との間で起こる可能性があるトラブル，消費者を保護するための行政の取り組み，そして，自立した消費者の行動について考察させていきます。具体的には，次のように発問して授業を展開しました。

グループで次のことを話し合い，その結果を発表する

企業は，どのような意図でこのような表示をしているのだろう？

広告をめぐって，どのようなトラブルが起こることが考えられるか？

↓　実際にどんな問題があるか例を示す。

消費者を保護するために，国や地方自治体の行っていることを調べる

消費者を守るために，国や地方自治体は， どのような取り組みをしているのだろう？

↓　教科書や資料を使って調べさせる。

私たちが気を付けるべきことを考える

私たちは，広告を利用する場合， どのようなことに気を付けるとよいのだろう？

↓

この時間で考察したことを，文章で記述してまとめる

評価の工夫❽ 考察したことを文章記述で表現させる

評価のポイント

　思考の営みや理解の状況を可視化するために，考察したことを文章で記述させます。その際，文章記述が苦手な生徒もいますので，文の書き出しを書いておき，それに続けて書かせる工夫もよいでしょう。

　また，思考の流れがつかめるよう，ワークシートを工夫することも考えられます。記述内容の妥当性を判断するため，あらかじめ評価規準を基に，生徒の学習状況を想定しておきます。そして，努力を要する状況と判断される生徒に対する助言も考えておきます。

具体例

問　広告をめぐるトラブルから消費者を守るために、行政はどのような取り組みをしているのでしょうか。

解答欄

広告をめぐるトラブルとして、
このようなトラブルから消費者を守るため行政は、

評価　　支援

評価規準

消費者保護に関する課題を見いだし，課題に対する行政の取り組みについて考察し，その過程や結果を適切に表現している。

努力を要する生徒の姿

・トラブルの具体例を記述していない。
・行政の取り組みの具体例を記述していない。

→ 具体例を思い出させ，それを記述するよう助言する。

40

公民的分野　私たちと経済　国民の生活と政府の役割

統計資料から読み取ったことを関連付けて少子高齢化が財政に与える影響を考えさせる

課題　発問　単元

1 統計資料から読み取らせる

この授業では，少子高齢社会における社会保障とその財源の確保の問題についてとらえさせることをねらいとします。この問題は，歳出面では急速な高齢化による社会保障費の増大と，歳入面では少子化の進行による納税者の減少といった2つの視点からとらえさせる必要があります。そして，税の負担者として生徒自身の将来とかかわりのある問題であることを認識させることが大切だと考えます。そこで，統計資料を用いて，日本の人口構成，社会保障給付費などの推移を読み取らせ，それらを関連付けてどのような問題があるのか，将来の自分とどのような関係があるのかについて，具体的なデータに基づいて説明させる学習活動を設定しました。

2 キーとなる発問

少子高齢化と財政の問題は，将来の自分たちにどのような影響を及ぼすと考えられますか？

発問の意図

高齢化に伴う社会保障費の増大や少子化による財源確保が問題になることをとらえさせた後，将来の自分とどのような関係があるのかについて着目させることを意図して，この発問を投げかけました。ここで，「将来の…考えられますか？」と表現したのは，生徒自身の未来を予測することを意識させようと考えたからです。

3 授業展開

人口構成の推移から少子高齢化の進展をとらえさせた後，社会保障給付費の推移について気付いたことを発表させます。

T 資料から読み取ったことを発表しましょう。

S 社会保障給付費は，どんどん増えています。

S 高齢者に係る費用の割合が高くなっています。

T データを具体的に見ていきましょう。例えば，2000年の社会保障給付費は，1975年のおよそ何倍になっていますか？

> 統計データを基に，具体的に社会保障給付費の増加をとらえさせる。

S およそ，6.6倍に増えています。

T どうして，25年の間に6.6倍も増えたのでしょうか。人口構成の推移と関連付けて，その理由を説明しましょう。

> 2つの資料を関連付けて考えるよう指示する。

S 1975年は高齢者の占める割合が10%くらいだったのが，2000年では20%近くなり，高齢者が増えたのに伴い，社会保障費の給付が増えたのだと思います。

T そうすると，高齢化に伴い，財政に占める社会保障関係費の割合は，どのようになると考えられますか？

> 高齢化による影響を予想させる。

S 財政に占める割合が大きくなると思います。

T このことについて，国の歳出のグラフを見て確かめてみましょう。（グラフを提示）

> 資料で確かめさせる。

T 一方で，少子化は，財政にどのような影響を及ぼすと考えられますか？

S 納税者が減ることになるので，社会保障費などの財源が問題になります。

T **このような少子高齢化と財政の問題は，将来の自分たちにどのような影響を及ぼすと考えられますか？**

（以下省略）

41

公民的分野　私たちと政治　人間の尊重と日本国憲法の基本的原則

社会の変化に着目させ本時の学習課題をとらえさせる

課題　発問　単元

1　日本国憲法制定から今日までの社会の変化に着目させる

この授業では，環境権，知る権利など「新しい権利」が主張されるようになったことをとらえさせていきます。

日本国憲法は，1946年に公布されてから今日まで，一度も改正されていません。その間，日本の社会は高度経済成長期に国民生活が豊かになる一方で，公害問題など生活環境の悪化が問題となりました。また，情報化，少子高齢化，グローバル化といった社会の変化が見られました。このような社会の変化は，憲法が制定された当時では想定されていなかったと考えられます。この点に着目させて本時の学習課題をとらえさせることで，新しい権利が主張されるようになった背景や基本的人権の尊重の考え方について理解を深めさせようと考えました。

2　課題提示の工夫

社会の変化に伴い，どのような権利が主張されるようになったか考えよう。

課題提示の意図

本時の導入として，まず，これまで学習してきた基本的人権が1946年に公布された日本国憲法に定められていることを確認させるとともに，この憲法は一度も改正されていないことを押さえます。次に，私たちと現代社会の学習を踏まえて，憲法が公布された頃から今日までに大きな社会の変化があったことに着目させます。そして，「社会の変化に伴い，憲法には定められていないけど，権利として大切だとみんなが考えていることはないのだろうか？」と，生徒に投げかけ課題意識をもたせ，本時の課題を提示します。

3 授業展開

T これまで学習してきた基本的人権にはどのようなものがありましたか？
S 平等権や自由権，社会権，基本的人権を確保するための権利です。
T これらの基本的人権の尊重は，日本国憲法に明記されていますね。ところで，日本国憲法が公布されたのはいつですか？
S 1946年11月３日です。
T 実は，日本国憲法は，公布されて以来一度も改正されていません。憲法が制定されてから今日まで，日本の社会はどのような変化がありましたか？
S 高度経済成長で生活が豊かになりました。
S 情報化や，グローバル化，少子高齢化が進みました。
T **このような社会の変化に伴い，憲法には定められていないけど，権利として大切だとみんなが考えていることはないのだろうか？**
S （よくわからないという表情）
T 今日の授業では，このことについて学習していきましょう。
（本時の学習課題を板書する）

考える時間を取り生徒の反応を見る。

✕ この場面で避けたい発問の仕方

生徒に質問を投げかけた後，すぐに課題を提示するのでなく，考える時間を取りつつ生徒の反応を見ることが大切です。もし，気付いた生徒がいれば発表させます。いない場合でも，すぐに回答を求める必要はありません。よくわからないことを，まさに本時の学習課題として意識させていくことがポイントになります。

42

公民的分野　私たちと政治　民主政治と政治参加

４つのモデルの比較を通して議会制民主主義について考えさせる

課題　発問　単元

1 モデルを通して考えさせる

この授業では，なぜ，議会制民主主義を取り入れているのかについて考えさせることを主なねらいとします。民主主義という概念を取り上げることとなりますが，ともすると教師の説明が主体となって授業が展開してしまいがちです。そこで，ここでは，政治の進め方について４つのモデルを示し，その長所と短所について考えさせる学習活動を通して，本時のねらいに迫ろうと考えました。４つのモデルは，歴史学習での経験を考慮して，次のように設定しました。

①指導者が，１人で考え，判断する。
②指導者が，数名の代表者を指名し，その人達が話し合う。
③国民が代表者を選び，その人達が話し合う。
④国民全員が参加して話し合う。

2 キーとなる発問

あなたなら，どのような政治の進め方を選びますか？

発問の意図

まず，国民の立場になって考えることを押さえます。そして，「あなたなら…を選びますか？」と，生徒自身が価値判断して選択することを求めることで，生徒に学習の主体性をもたせようと考えました。あわせて，判断する根拠として，それぞれのモデルの長所と短所を比較して考えるよう説明して学習の見通しを示しました。

3 授業展開

本時は，まず「政治」について教科書を読んで押さえました。そして，政治の進め方について，４つのモデルを示します。

T　みなさんは，ある国の国民だとします。国民の立場になって考えてください。今から，政治の進め方について４つのモデルを示します。**あなたなら，どのような政治の進め方を選びますか？**

（黒板に，４つのモデルについての説明カードを貼る）

T　まず，簡単に４つのモデルについて説明します。説明を聞いた後，みなさんは，それぞれの長所と短所を考えてください。そして，長所と短所を比較したうえで，どの政治の進め方がよいかを判断してください。

（以下省略）

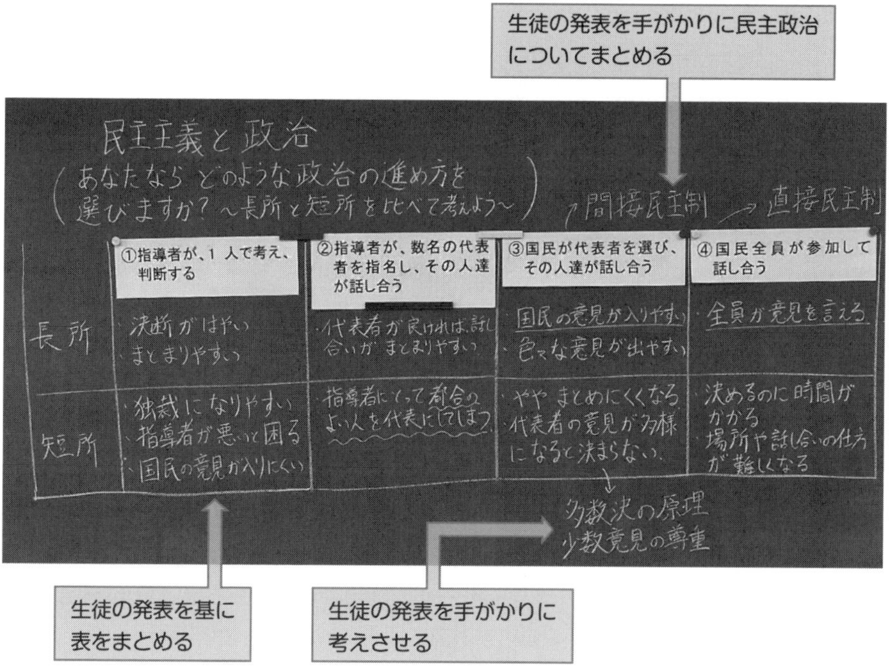

43

公民的分野　私たちと政治　民主政治と政治参加

模擬裁判を通して，裁判と人権の保障についてとらえさせる

課題　発問　単元

1　模擬裁判を取り入れる

ここでは，国民の権利を守り，社会の秩序を維持するために，法に基づく公正な裁判の保障があることを理解させていきます。その際，抽象的な理解にならないように裁判官，検察官，弁護士などの具体的な働きを通して理解させる工夫が大切です。そこで，本実践では，模擬裁判を取り入れ，教師が用意した台本に沿って生徒が役割を演じる中で，裁判官，検察官，弁護士などの具体的な働きをとらえさせるとともに，どのように人権の保障に配慮し公正な裁判を行っているのか理解させようと考えました。

2　課題提示の工夫

どのようにして人権の保障に配慮し公正な裁判を行っているのだろう。

課題提示の意図

この授業では，模擬裁判を通して裁判官，検察官，弁護士などの具体的な働きをとらえるとともに，裁判官は証拠に基づいて判断していくことや，検察官と弁護士双方が意見を述べながら進めること，被告人は，黙秘権などの権利があることなど，人権の保障に配慮し裁判の公正さを確保していることに気付かせていく必要があります。そこで，学習課題を「どのようにして人権の保障に配慮し公正な裁判を行っているのだろう」と設定し，この課題を意識させて模擬裁判を行い，改めてこの発問を投げかけ，模擬裁判の様子を踏まえて生徒に考えさせることとしました。

3 授業展開

この授業で用意した模擬裁判の台本は，商店から商品を騙し取った詐欺の疑いにより起訴され，被告人も犯罪の事実を認めているといった内容で，被告人の人定質問，検察官による起訴状の朗読から被告人の最終陳述までの流れを25分程度で演じるものを用意しました。

裁判官などの具体的な働きに着目させていく。

T 模擬裁判を実際に行って，裁判の進め方を理解できましたか？ まず，裁判官，検察官，弁護士は，どのような働きをしていましたか？

S 裁判官は，中立の立場で双方の意見を聞き，自らも質問しながら有罪か無罪かを判断します。

S 検察官は，証拠を示して有罪であることを追求します。一方，弁護士は被告人を助けています。

T **では，どのようにして人権の保障に配慮し公正な裁判を行っているのでしょうか？　模擬裁判を通して気付いたことを発表してください。**

S はい，裁判官は，検察官と弁護士の双方に意見があるか聞きながら，裁判を進めていました。そして，被告人にも意見を確かめていました。

S 裁判の中で証拠を確認したり，証人を呼んで意見を述べさせたり，証拠に基づいて判断すると思いました。（以下省略）

✕この場面で避けたい発問の仕方

模擬裁判を行ったときに，単に裁判の流れや手順をとらえさせるだけでは，この学習のねらいを十分に達成させたとは言えません。もし，「どのように裁判を進めていましたか？」という質問に対して，生徒が裁判の流れのみを答えていた場合は，「なぜ，そのように進めるのですか？」と，その理由を問う発問を組み合わせて行うなど，人権の保障に配慮し裁判の公正さを確保していることに気付かせ，理解を深めていくような発問の工夫を考えたいところです。

44

公民的分野　私たちと政治　民主政治と政治参加

身近な地域に着目して 地方自治の学習の単元構成を工夫する

課題　発問　単元

1 身近な地域に着目した地方自治の学習を展開する

この単元では，住民自治を基本とする地方自治の考え方について理解させることを主なねらいとします。その際，身近な地方公共団体の政治について取り上げるとともに，住民の権利や義務に関連付けて扱い，地域社会への関心を高め，地方自治の発展に寄与しようとする住民としての自治意識を育んでいくことも意識して授業を展開していくことが求められます。

そこで，この単元では，地方自治のしくみや住民の政治参加について理解させた後，その知識を活用して生徒自身の生活の場である身近な地域を念頭に置いて「まちづくり」について考えさせる授業展開を構想しました。

2 単元を貫く課題

身近な地域をよりよくするために，地方の政治はどのように行われているのだろう。

課題設定の工夫

地方自治は，生徒にとってより身近に社会とのつながりを感じることのできる学習です。そこで，単元を貫く課題として「身近な地域をよりよくする」という一言を入れ，自分自身とのかかわりを意識させ，学習意欲の向上を期待しました。そして，「どのように行われているのだろう」と追究する内容を示しました。課題の追究に際しては，身近な地域の資料や具体的な事例を取り上げて学習展開を工夫することを考えました。

単元構成

第１時で単元を貫く課題を設定し，第２～４時で地方自治のしくみや住民の政治参加について追究させ，基本的な知識を習得させます。そして，第５時で，習得した知識を活用して，身近な地域をよりよくするためのまちづくりについて考えさせる学習を設定しました。

第１時　地方の政治は，どのようなことを行うのだろう？

↓

単元を貫く課題　身近な地域をよりよくするために，地方の政治はどのように行われているのだろう。

第２時　地方の政治は，どのようなしくみで行われているのだろう？
第３時　地方財政は，どのように使われているのだろう？
第４時　住民は，どのように地方の政治に参加することができるのだろう？

↓

第５時　身近な地域をよりよくするために，どの提案を最優先で取り上げればよいのだろう？

3　授業展開

第５時

この授業では「自分たちのくらすまちがより住みやすくなるよう，市長や市議会に対して請願する内容を考える」という場面設定をして，生徒自身の生活の場である身近な地域を念頭に置いて考えさせる授業展開を構想しました。その際，「予算の関係もあり，すべての案をすぐに実行してもらうことは難しいので，優先順位を考える必要がある」と条件設定して，グループで話し合い，優先順位をつけることとしました。本時の導入として，これまでの学習で習得した知識を思い出させるとともに，課題を提示するために，次の発問をして授業を展開しました。

T　私たちは，その地域にくらす住民として，地方の政治に参加するうえで，様々な権利があります。例えば，どのような権利がありましたか？

S　選挙権や市長や議員などに立候補する被選挙権があります。

T　地方の政治は，首長をリーダーとして行う執行機関と議員で構成される議決機関とで成り立っていましたね（板書）。他にありますか？

S　首長の解職や議員の解散を求める直接請求権があります。

S　条例の制定や監査を求める直接請求権があります。

S　請願権があります。

T　今日は，この請願に着目して場面を設定します。これまで学習したことを活用して考えていきましょう。みなさんは，この地域をよりよくしようと考えている住民グループの一員です。今，住民の中から４つの提案が考えられています。請願権を行使するためには，一定数の署名を集めなければなりませんし，地方公共団体の使える予算の関係からも，たくさんの提案を同時に実現することは難しいです。そこで，最優先に取り上げる提案をグループで話し合うこととなりました。**あなたなら，身近な地域をよりよくするために，どの提案を最優先で取り上げますか？**（課題を板書，以下省略）

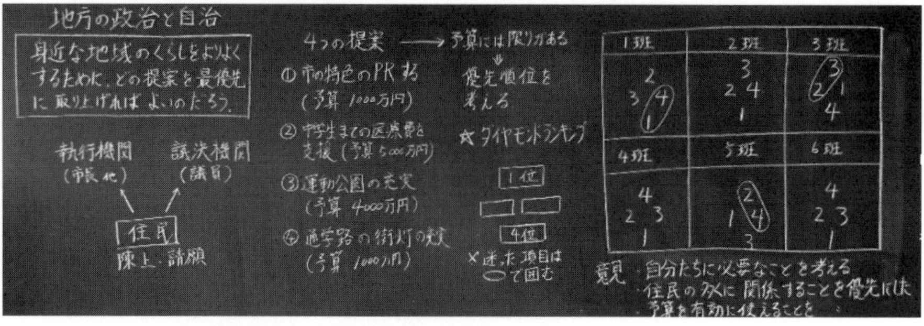

第５時の板書（各グループの優先順位を板書し，さらに意見交換させる）

評価の工夫❾ 評価規準から具体的な生徒の姿を設定し，評価に活用する

工夫のポイント

特に，関心・意欲・態度の評価は悩むところです。本単元では，事前に評価規準から「具体的な生徒の学習状況を示す姿」を想定しておき，生徒の発言やワークシートの記述内容と照らし合わせて，生徒の学習状況をとらえようと考えました。

具体例

評価規準（関心・意欲・態度）

身近な地域の政治に対する関心を高め，よりよい社会をつくるための提案について考えようとしている。

↓

発言の内容やワークシートの記述内容から学習状況を評価する。

十分に満足できる学習状況例

●身近な地域の状況と関連付け，公正な態度で優先順位を考え，その理由を発言したり記述したりしている。

努力を要する学習状況例

●身近な地域の状況と関連付けて，優先順位を考えた理由を説明したり記述したりしていない。

↓

努力を要する学習状況の生徒に対する手だて

身近な地域の状況はどのような様子かを質問し，それと関連付けて優先順位を考え，理由を説明するよう助言する。

45

公民的分野 | 私たちと国際社会の諸課題 | 世界平和と人類の福祉の増大

２つの中項目を関連付けて国際社会の諸課題を探究させる

課題 発問 単元

1 ２つの中項目を結び付けて探究学習を設定する単元構成の工夫

大項目「私たちと国際社会の諸課題」は，国際社会に対する理解を深めさせ，国際社会における我が国の役割について考えさせるとともに，よりよい社会を築いていくために解決しなければならない様々な課題について探究させ，自分の考えをまとめることを主なねらいとしています。

この大項目は「世界平和と人類の福祉の増大」と「よりよい社会を目指して」の２つの中項目で構成されています。この２つの中項目の結び付きを生徒に意識させ，「世界平和と人類の福祉の増大」で学習したことを基にして，「よりよい社会を目指して」で主題を設定して探究させる学習に取り組ませることを考え，次のように単元構成の工夫を考えました。

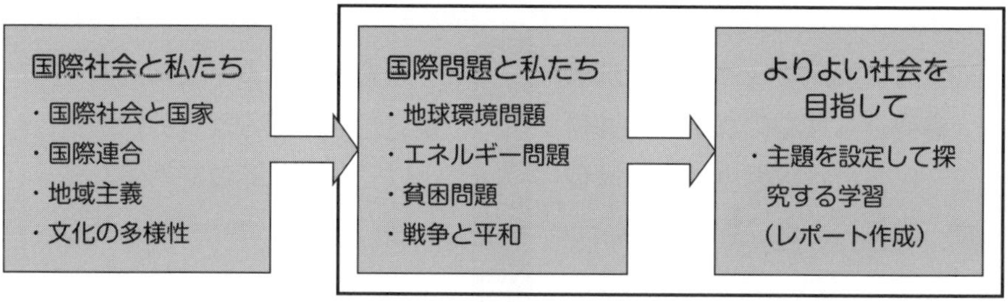

2 単元を貫く課題

国際社会には，どのような課題があり，その解決に向けどのような取り組みをしているのだろう。

課題設定の工夫

単元「国際問題と私たち」では，前単元「国際社会と私たち」で国際連合やEUなどの国際機構についての学習も受け，「国際社会にはどのような課題があるのか」と「その課題解決に向けどのような取り組みをしているのか」という2つの視点で単元を貫く課題を設定し，単元を構成しました。その際，課題解決に向けた取り組みと関連付けて，我が国の果たしている役割や自分たちとのかかわりについても考えさせることとしました。

単元構成

国際問題と私たち（5時間扱い）

第1時　国際社会は，どのような問題があるのだろう？

↓

単元を貫く課題　国際社会には，どのような課題があり，その解決に向けどのような取り組みをしているのだろう。

第2時　地球環境問題にはどのような課題があり，その解決に向けてどのような取り組みをしているのだろう？

第3時　エネルギー問題にはどのような課題があり，その解決に向けてどのような取り組みをしているのだろう？

第4時　貧困問題にはどのような課題があり，その解決に向けてどのような取り組みをしているのだろう？

第5時　戦争と平和の問題にはどのような課題があり，その解決に向けてどのような取り組みをしているのだろう？

↓

よりよい社会を目指して（6時間扱い）

探究する主題の設定，情報収集，考察，レポート作成，発表

3 授業展開

国際問題と私たち　第1時

この時間では，「各国の一人当たりの二酸化炭素排出量」「難民発生数とその移動」「主な国の国内総生産」の３つの主題図を読み取り，国際社会はどのような問題があるのかをとらえさせました。そして，単元を貫く課題を設定するとともに，次単元「よりよい社会を目指して」とのつながりについても説明し，学習の見通しを生徒にもたせました。

T　それぞれの主題図から読み取ったことを発表してください。
（生徒が発表したことを板書にまとめる）

T　**国際社会には，どのような問題があるのでしょうか？**　主題図から読み取ったことを基にして考えてみましょう。

S　国内総生産は，地域により大きな差があり，貧富の差が大きいことが問題になっていると思います。

S　二酸化炭素の排出量や国内総生産は，ヨーロッパ州や北アメリカ州，日本，オーストラリアなどで高く，これらの地域でエネルギーをたくさん使っている一方，アフリカ州ではあまり使っていないので経済格差が大きいことが問題です。

S　難民が発生するのは，戦争や地域紛争の発生が原因だと思います。

T　**国際社会には，どのような課題があり，その解決に向けどのような取り組みをしているのだろう。**これを，単元を貫く課題として，この単元の学習を進めていきましょう。
（単元を貫く課題を板書する）
そして，この学習の後で，自分で１つテーマを設定して「探究する学習」を行います。この単元で学習したことや，さらに自分で集めた情報を基に，「どのような課題があるのか」「解決に向けてどのような取り組みが行われているのか」「自分たちにできることは何か」について考察したことをレポートにまとめていきます。

よりよい社会を目指して　第1時

この時間では，探究する主題を設定させることをねらいとします。この中項目は，中学校社会科学習のまとめでもあり，これまでの社会科学習で習得した知識や技能を活用して持続可能な社会の形成という観点から課題を設定して探究する学習を設定しました。また，この中項目の内容の取扱いに「世界的な視野と地域的な視点に立って探究させること」とあります。本実践では，前単元「国際問題と私たち」の学習と結び付けてテーマを考えさせることから，生徒のテーマ設定が世界的視野を踏まえたものになると予想されます。そこで，考察の仕方として「自分たちとのかかわりについて触れる」ことを条件付けることとしました。

T　これまで，地理や歴史，公民の学習を通して，私たちは，世界と緊密に関係し合って成り立っていることを学びました。だからこそ，国際社会の抱える諸問題の解決が，持続可能な社会を築くうえで重要な課題となるのです。国際社会には，どのような課題がありましたか？

S　地球環境問題やエネルギー問題などがあります。

T　これらの問題は，それぞれ様々な課題がありましたね。**この時間では，これまでの学習を振り返ってみましょう。そして，その内容を基にして，各自が探究する主題を考えていきましょう。**

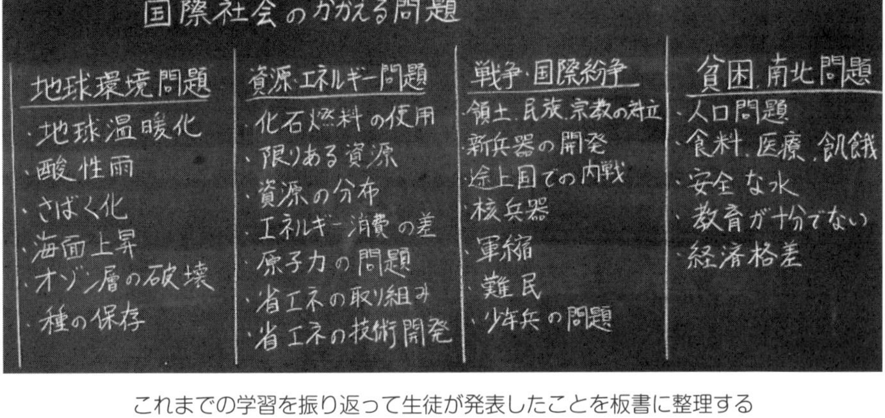

これまでの学習を振り返って生徒が発表したことを板書に整理する

参考文献

●文部科学省『中学校学習指導要領解説　社会編』
●文部省『中学校社会科指導資料　指導計画の作成と学習指導の工夫』
●国立教育政策研究所教育課程研究センター『評価規準の作成，評価方法等の工夫改善のための参考資料』
●青柳慎一『中学校社会科　授業を変える板書の工夫45』（明治図書）
●有田和正「有田和正の授業力アップ入門―授業がうまくなる十二章」（明治図書）
●岩田一彦『社会科固有の授業理論・30の提言―総合的学習との関係を明確にする視点』（明治図書）
●大杉昭英『中学校新社会科地理の実践課題に応える授業デザイン』（明治図書）
●北尾倫彦『平成24年版　観点別学習状況の評価規準と判定基準』（図書文化）
●澁澤文隆『中学校社会科　絶対評価の方法と実際』（明治図書）
●館潤二『中学校社会科　重要学習事項100の指導事典』（明治図書）
●堀内一男・伊藤純郎・篠原総一『中学校新学習指導要領の展開　社会科編』（明治図書）
●森茂岳雄・大友秀明・桐谷正信『新社会科教育の世界』（梓出版社）
●山口幸男『動態地誌的方法によるニュー中学地理授業の展開』（明治図書）

【著者紹介】

青柳　慎一（あおやぎ　しんいち）

1963年　東京都生まれ

埼玉県公立小学校，中学校，埼玉大学教育学部附属中学校に勤務し，現在久喜市立太東中学校教諭

中学校学習指導要領解説社会編作成協力者

〈著書〉

単著

・『中学校社会科　授業を変える板書の工夫45』（明治図書）

分担執筆

・堀内一男・伊藤純郎・篠原総一編著『中学校新学習指導要領の展開　社会科編』（明治図書）

・堀内一男・大杉昭英・伊藤純郎編著『平成20年改訂中学校教育課程講座　社会』（ぎょうせい）　他

中学校社会科

授業を変える課題提示と発問の工夫45

2015年3月初版第1刷刊　©著　者　青　柳　慎　一

発行者　藤　原　久　雄

発行所　明治図書出版株式会社

http://www.meijitosho.co.jp

（企画）矢口郁雄（校正）大内奈々子

〒114-0023　東京都北区滝野川7-46-1

振替00160-5-151318　電話03(5907)6701

ご注文窓口　電話03(5907)6668

＊検印省略　組版所　株　式　会　社　明　昌　堂

本書の無断コピーは，著作権・出版権にふれます。ご注意ください。

Printed in Japan　ISBN978-4-18-174418-2

中学校社会科

授業を変える板書の工夫45

Aoyagi Shinichi
青柳慎一 著

大好評につき忽ち増刷

板書を通して社会科授業の本質に切り込む！

生徒の理解を図る「事象の構造が見える板書」、地図や図を使った「ビジュアルな板書」、主体的な学習を支える「生徒とつくる板書」など、中学校社会科授業における板書の工夫を全分野に渡り網羅。多数の実物写真と解説で、板書の向こうにある授業の本質まで見えてくる！

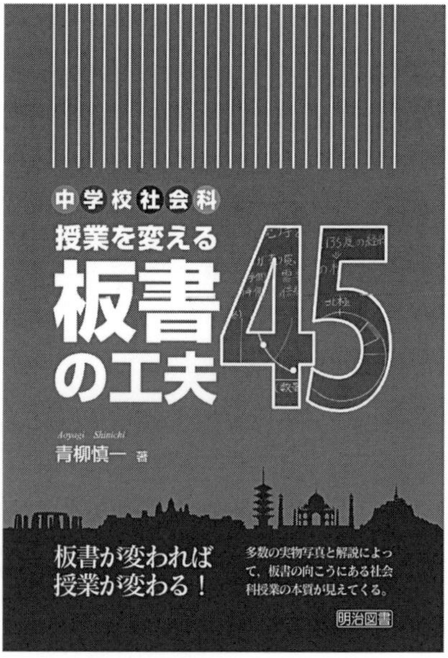

Ａ５判／132 頁／1,760 円＋税
図書番号：0916

明治図書　携帯・スマートフォンからは **明治図書 ONLINE へ** 書籍の検索、注文ができます。▶▶▶
http://www.meijitosho.co.jp　＊併記４桁の図書番号（英数字）でHP、携帯での検索・注文が簡単に行えます。
〒114－0023　東京都北区滝野川７－46－１　ご注文窓口　TEL 03－5907－6668　FAX 050－3156－2790

＊価格は全て本体価表示です。

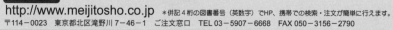